Alle mie Famiglie

PREMESSA

I genealogisti più ortodossi valuteranno questo mio contributo alla materia, quantomeno atipico.

Di fatto questo studio vuole trattare in specie, alcune "questioni" che spesso vengono messe in secondo piano, talvolta addirittura tralasciate, ma che in realtà rivestono un'importanza tutt'altro che relativa nello studio della genealogia, soprattutto nel contesto storico attuale, dove l'approfondimento di alcune materie e discipline, hanno portato alla luce una serie di caratteri ereditari che trascendono dalla "semplice" genetica familiare.

Questo mio lavoro vuole dunque essere uno strumento di condivisione, a coronamento di oltre un quarto di secolo di studi e ricerche, condotte sulla storia della mia e di altre famiglie, alle quali mi sono dedicato con entusiasmo, passione e diligenza, grazie a un'esperienza maturata sul campo e all'aiuto di validi collaboratori che in questi anni hanno saputo indirizzarmi verso i metodi di ricerca più opportuni.

Questo breve trattato di genealogia si rivolge così agli studiosi dediti alla materia, così come ai neofiti, a beneficio dei quali non mancherò di fornire metodi di ricerca semplici e pratici, offrendo così suggerimenti per un orientamento mirato, in un ambiente tutt'altro che semplice qual è per l'appunto la genealogia, intesa come scienza documentaria della storia.

Dirò infine che nel trattare questa materia, non ho potuto fare a meno di tener conto della mia formazione olistica, la quale mi porta a considerare fattori fisici (materiali), emotivi (psicologici) e spirituali in ogni ambito della vita: ritengo non sia possibile pensare al concetto di "manifestazione", nel senso più ampio del termine, escludendo anche uno solo dei fattori summenzionati, per tanto questo trattato si propone di essere ispiratore di una metodologia di ricerca più ampia, che porti a spaziare oltre le "regole canoniche" della classica genealogia.

Concludo ringraziando le persone che hanno arricchito questo mio lavoro, donando il loro prezioso contributo, tra cui le mie Famiglie di origine, mia moglie *Sara* che mi ha coadiuvato nel lavoro di editing, *Samuele Rigo* acuto numerologo che ha saputo interpretare perfettamente molte delle dinamiche famigliari narrate nel testo ed infine un ringraziamento a tutti coloro che nel consultare questo libro, hanno operato la scelta di accostarsi alla genealogia con mente aperta e desiderio di crescita.

A tutti voi il mio grazie!

Thomas Toderini d.G.d.V.

Capitolo I

CHE COS'È LA GENEALOGIA

A che cosa serve lo studio della Genealogia? Cosa stiamo cercando nel momento in cui intraprendiamo uno studio sulla storia della nostra famiglia? Che cosa crediamo di trovare all'interno dei nostri *alberi di nascita*?

Porsi degli interrogativi all'inizio di un'indagine genealogica, è fondamentale al fine di delineare degli obbiettivi. Saranno questi obbiettivi a stabilire la metodica che adotteremo per condurre le nostre ricerche, volendo considerare una panoramica di possibilità che abbracci le regole genealogiche più convenzionali, assieme ad una visione più moderna della materia. Vogliamo così portare maggiore attenzione sugli studi contemporanei che ci parlano dell'individuo secondo una visione olistica (ovvero sia fisica, che psichica, che spirituale) per ricostruire profili personali maggiormente aderenti alle persone che assieme a noi compongono l'intero asse familiare.

Quindi e per tornare al tema principale, che cos'è la genealogia? È un percorso!

Un percorso attraverso il quale giungiamo alla consapevolezza della nostra "identità personale", senza affezionarci troppo a questo concetto, in quanto nel corso della lettura avremo modo di rimestare il nostro *"mazzo di carte genealogiche"* più volte, cosicché al termine di questo lavoro ognuno di noi potrà dare alla ricerca genealogica il senso più adatto al percorso intrapreso.

Al di là del "viaggio" che ognuno farà, affermare che attraverso la ricerca genealogica si giunga alla nostra identità personale, potrà sembrare banale e scontato, ma certamente non lo sarà per chi comprenderà che la storia dei nostri antenati sta alla base della nostra essenza.

Tratti somatici, caratteriali, aspirazioni, inclinazioni, imperfezioni fisiche e malattie: sono tutte caratteristiche che hanno a che fare con chi ci ha preceduti e senza la conoscenza delle quali, diventa difficile poter comprendere appieno chi siamo, assieme al corredo fisico, emotivo e trascendentale di cui siamo forniti fin dalla nascita.

Nell'affrontare i temi inerenti alla nostra identità personale, attraverso lo studio dei nostri predecessori, avremo modo di rifarci in più occasioni a studi non convenzionali di autori che hanno colto interessanti sfumature circa l'ereditarietà di alcuni caratteri che in un certo qual modo potrebbero rivoluzionare la nostra concezione di genealogia.

Uno di questi autori particolarmente ispirati è certamente la D.^{ssa} *Anne Ancelin Schützenberger*, che nel 1993 affronta il tema della "psicologia transgenerazionale" nel testo *"Aïe, mes aïeux! Liens transgénérationnels, secrets de famille, syndrome d'anniversaire, transmission des traumatismes et pratique du génosociogramme"*, tradotto poi nel 2004 da Di Renzo Editore in *"La Sindrome degli Antenati"*: in questo testo di non semplice lettura, almeno per chi non abbia una certa dimestichezza con materie psicologiche, oltre che genealogiche, la D.ssa Schützenberger affronta delle tematiche quantomeno curiose che si articolano su dinamiche familiari che si ripetono in modo statisticamente rilevante, ma senza che vi siano apparenti collegamenti tra un evento e l'altro.

Avremo modo di approfondire questi argomenti nel corso della lettura, mentre ora ritorniamo sul concetto di "identità personale" per evidenziare come possa risultare importante per "qualcuno", comprendere la storia delle proprie origini.

Ho appositamente posto tra le virgolette il pronome indefinito "qualcuno", in quanto porsi degli interrogativi su di sé e sui progenitori denota inizialmente una particolare sensibilità ad un argomento tutt'altro che scontato, come quello di "accorgersi di esistere".

Una moltitudine di individui non si pongono mai seriamente interrogativi sul perché vivono in un determinato contesto sociale, geografico, politico od altro. Semplicemente vivono una condizione "normale" data dall'essere nato in una determinata famiglia, in un determinato stato, in un determinato contesto socio-politico, il tutto senza necessità di porsi particolari domande esistenziali e… Beati loro, direi!

Si, è proprio il caso di dire "beati loro", in quanto nel corso degli ultimi trent'anni, non di rado mi è capitato di imbattermi in persone che vivono lo studio e la ricerca delle loro origini in modo deleterio, insano, convinti di trovare sepolte nel passato chissà quali glorie, o al contrario una qualche giustificazione ai fallimenti del presente: esiste una certa coerenza in questa affermazione, in quanto è certamente vero che i presupposti storici dai quali deriviamo, possono condizionare la nostra esistenza fin dalla nascita, ma è altresì vero che i protagonisti della nostra vita siamo sempre e solo noi, ed è una personale responsabilità far sì che la nostra realizzazione prenda una direzione piuttosto che un'altra.

Fino alla fine del Secondo Conflitto Mondiale, la genealogia era quasi esclusivamente appannaggio di famiglie nobili che avevano un evidente interesse successorio alla conservazione della memoria storica dei loro natali. Nel corso del tempo, particolarmente dagli anni Settanta del secolo scorso, la genealogia è divenuta sempre più materia di interesse anche per chi non si gloria di un passato epico o di nobili origini ed è proprio in questo contesto che si consolida quel senso di "identità personale" sul quale ognuno di noi è legittimato a porsi degli interrogativi.

Ancora, dagli anni Novanta del secolo scorso, abbiamo visto l'affermarsi di una nuova categoria di "ricercatori" che attingendo ad alcune banche dati elettroniche, si propongono di confezionare un profilo storico familiare, corredato da documenti anagrafici e storici utili alla creazione di un albero genealogico. Sarebbe interessante approfondire quanto siano veritiere e genuine queste ricerche preconfezionate, soprattutto considerando l'improbabile circostanza per la quale praticamente tutti i fruitori di questi "servizi", se ne escono con un titolo nobiliare e uno stemma gentilizio…

Io stesso trent'anni fa fui incuriosito da un banchetto allestito presso una fiera, dove un signore armato di PC, convinto di avere tra le mani la fonte di ogni sapere, mi propose una ricerca sul mio nome di famiglia: il risultato mi crea ancora oggi molta ilarità, in quanto dopo pochi secondi la stampante "sfornò una bellissima pergamena" recante tutta la storia della mia famiglia, corredata di titolo nobiliare e stemma gentilizio!

Peccato solamente che la storia narrata nella pergamena non fosse quella dei *"Toderini"*, bensì dei *"Todeschini"*, associati per affinità al mio cognome, per il quale evidentemente non vi erano notizie apprezzabili nella banca dati del PC.

Sono state diverse le persone incontrate in questi anni, le quali orgogliose della loro pergamena da cinquantamila lire mi hanno chiesto di intraprendere la ricostruzione del loro albero genealogico: ricordo il rammarico nei loro volti nel momento in cui andando puntualmente a smontare la narrativa di quei pezzi di carta, mettevo queste persone di fronte all'opportunità di condurre una ricerca seria e metodica che comportava mesi, forse anni di ricerca e ingenti spese da sostenere per portare avanti quegli studi.

Comprendiamo così, che lo studio della genealogia non può essere materia da chiacchiere da mercato o da bancone del bar, ma l'applicazione di una metodologia di ricerca basata su documenti certi.

Atti di nascita o fedi battesimali, certificati di matrimonio, di morte, fogli di famiglia, censimenti, stati delle anime, estimi ed altro ancora: questi sono i documenti sui quali dobbiamo strutturare le nostre ricerche.

Solo attraverso documenti veri e verificabili possiamo giungere alla consapevolezza della nostra identità personale, nelle modalità che tenteremo di affrontare nel corso di questo breve trattato.

Capitolo II

LO STUDIO MODERNO DELLA GENEALOGIA

Uno studio maturo della genealogia prescinde dal desiderio personale di poter scoprire antiche origini nobiliari o simili, per tale ragione è necessario che chi si accosta a questa materia lo faccia con onestà e distacco, per quanto possibile.

Molto spesso infatti le persone che intraprendono un percorso di ricerca, partono dai racconti familiari: effimeri testamenti che si tramandano di padre in figlio, o molto più frequentemente da nonni a nipoti.

I racconti familiari per la verità rappresentano dei tesori d'inestimabile valore per la determinazione della nostra personale identità, in quanto spesso sono proprio quei racconti a stabilire l'idea che si ha della nostra famiglia e di noi stessi.

Un esempio in tal senso, mi viene favorito da una ricerca che mi venne commissionata diversi anni fa da un illustre professionista che vantava antiche origini aristocratiche, in base alla tradizione orale trasmessagli dal bisnonno paterno.

Secondo i racconti dell'avo non più in vita, essi discendevano da una famiglia marchionale molto potente e ricca, la quale vantava importanti appezzamenti di terra e proprietà sparse in tutto il nord Italia.

Iniziai a condurre uno studio su questa persona, la quale mi autorizzò a trattare documenti personali che tracciassero i desiderati collegamenti genealogici tra sé stesso, il padre, il nonno, il bisnonno e così via fino a giungere al tal marchese da cui secondo la storia, sarebbe originata la famiglia. Il lavoro si risolse in maniera abbastanza rapida e con grande sconforto da parte del committente, in quanto dopo la semplice consultazione degli archivi anagrafici di due comuni, si scoprì che il bisnonno a cui si doveva la leggenda sulle nobili origini, in realtà risultava essere un *bambino proietto*, ovvero un bimbo abbandonato ancora in fasce presso una *ruota degli esposti* nella seconda metà dell'Ottocento. Dunque, nessun elemento distintivo che potesse permettergli un giorno di poter recuperare le proprie origini. Il bisnonno aveva così inventato una leggenda basata sul fatto che la sua famiglia adottiva era costituita da mezzadri impiegati presso una fattoria di proprietà di un marchese e da qui, il mito di discendere da una nobile famiglia.

Lo sconforto provato dall'illustre professionista che mi incaricò della ricerca, fu tale che nel giro di breve tempo lasciò il lavoro decidendo di trasferirsi in un'altra regione: aveva perso la sua identità personale, o meglio quella che egli riteneva essere tale, così che le certezze sulle quali aveva edificato la sua immagine, si sgretolarono rapidamente causandone il fallimento professionale e un desiderio di iniziare una vita differente altrove.

Tuttavia questa storia ha un lieto fine, in quanto a distanza di anni venni a sapere che quella persona si costruì una nuova vita acquistando un casale, con un cospicuo appezzamento di terreno agricolo che iniziò a coltivare sulle orme del bisnonno, diventando un imprenditore agricolo rinomato e apprezzato. In questo caso diremmo che il passaggio dalle stelle alle stalle, si rivelò proficuo e realizzativo.

Da qui, mi sento di consigliare a chiunque voglia intraprendere uno studio sulla propria genealogia, di raccogliere quante più testimonianze possibili attraverso i parenti in vita: genitori, nonni e bisnonni, o in mancanza di essi, zii e prozii e anche cugini. Potremo rimanere sorpresi scoprendo quanto i nostri parenti possano nutrire le nostre stesse curiosità genealogiche, avendo magari già intrapreso ricerche in tal senso, potendole quindi condividere e confrontare con le nostre.

Tenere un diario con tutte le testimonianze può rivelarsi un vero e proprio tesoro. Consideriamo per esempio la fortuna di avere dei bisnonni ancora in vita e mentalmente lucidi, i quali a loro volta abbiano conosciuto i loro bisnonni: attraverso di essi potremmo riuscire a raccogliere testimonianze di fatti accaduti addirittura più di duecento anni fa: una vera macchina del tempo!

Oltre ai racconti, è utile raccogliere foto, ritratti, lettere, oggetti personali, cartelle cliniche, dichiarazioni dei redditi, estratti di giornali e tutto quanto possa darci indicazioni sui nostri avi, in quanto proprio questi oggetti possono raccontarci molto su di essi: la professione, le passioni, le aspirazioni e le inclinazioni, lo stato di salute, il censo, il ceto sociale e tanto altro ancora.

Un'altra delle ragioni su cui si fonda l'utilità di conoscere i nostri avi attraverso i racconti e i loro oggetti personali, è quella di poter stabilire quali affinità possano intercorrere tra di noi ed ognuno dei nostri predecessori.

Per fare un esempio concreto, parlerò di me stesso raccontando della mia passione per la scrittura, oltre che per la musica e l'arte in generale: da uno studio approfondito della mia famiglia, risalendo di otto generazioni, scoprii una serie di profonde affinità con il fratello del nonno del mio quadrisavolo, vissuto tra il 1728 e il 1799.

Questo personaggio infatti, oltre ad essere stato uomo di profonda cultura, dedicandosi a studi filosofici e religiosi scrisse diversi testi, alcuni dei quali famosi in tutto il mondo, compose brani musicali e raccolse opere d'arte provenienti da tutto il Medio Oriente: una serie di passioni che ci legano profondamente e che non ho riscontrato in altri personaggi della mia famiglia.

Allo stesso modo, la mia passione per le materie archivistiche, genealogiche e araldiche, mi portano in linea diretta al mio quadrisavolo, il quale a metà dell'Ottocento era direttore dell'Archivio di Stato di Venezia e sovrintendente agli Archivi Veneti, oltre ad essere cofondatore della Deputazione di Storia Patria per le Venezie, dirigere l'Archivio di Deposito Governativo di Mantova e scrivere diversi libri di carattere storico, documentale e genealogico.

Questi esempi servono solamente per evidenziare l'importanza di conoscere quanto più possibile, le caratteristiche di chi ci ha preceduti, al fine di comprendere quali tratti caratteriali ed intellettuali, oltre che fisici, ci possano accomunare.

In pratica, lo studio moderno della genealogia dev'essere uno strumento che ci permetta non solo di conoscere l'origine geografica o la condizione sociale dei nostri antenati, dato per assodato che nel corso dei secoli queste caratteristiche potrebbero essere mutate più volte, ma anche e soprattutto conoscere noi stessi attraverso il palesarsi delle nostre inclinazioni, passioni, pulsioni, caratteristiche psicofisiche, propensioni a talune malattie, comportamenti e così via.

Tratteremo più avanti questi aspetti specifici, mentre ora proveremo ad addentrarci nei meccanismi che influenzano la nostra quotidianità, partendo proprio dai condizionamenti genealogici di cui generalmente pochissime persone sono consapevoli.

Capitolo III

L'INFLUENZA DELLA GENEALOGIA NELLA QUOTIDIANITÀ

Alcuni aspetti inerenti prettamente a materie genealogiche, possono riguardare questioni morali, oltre che di vita pratica. In tal senso affrontiamo brevemente la questione dei figli naturali e/o legittimi, la quale sebbene da un lato oggi sia ritenuta di scarsa importanza dal punto di vista legislativo, dall'altro essa continua a persistere e, anche solo da un punto di vista strettamente morale, un genitore può avere l'interesse a legittimare un figlio naturale, così come lo stesso figlio può avere un interesse al riconoscimento legittimo da parte di un genitore.

Per quanto riguarda il Diritto Civile, la questione è oggi regolata dalla Legge n. 219 del 2012 la quale ha abrogato la precedente legislazione in materia di *"legittimazione dei figli naturali"*, mentre per il Diritto Canonico le competenze vengono affidate alla *Congregazione per il Culto Divino e la Disciplina dei Sacramenti*, la quale istituisce un'apposita commissione che ha facoltà di deliberare sulla legittimità canonica di un figlio nei confronti di un genitore.

Ne consegue che a seconda degli interessi ricorrenti, il genitore che vuole legittimare un figlio, o un figlio che desideri essere legittimato da un genitore, dovrà affrontare due differenti percorsi in base al tipo di legittimazione auspicata, civile, canonica o entrambe.

Non ci addentreremo in questa complessa questione, ma rimandiamo il ricercatore alla lettura della circolare del Ministero dell'Interno n°33 del 2012, evidenziando solamente che al comma 11 dell'art. 1 della L. 219 del 10/12/2012, è indicato quanto segue: *"Nel Codice Civile, le parole: «figli legittimi» e «figli naturali», ovunque ricorrono, sono sostituite dalla seguente: «figli»"*.

Tornando alle questioni morali, diremo che il fatto di non poter essere riconosciuti da un genitore, generalmente il padre che di norma attribuisce il cognome al figlio (ma non solo), può comportare una serie di "squilibri" sul piano emotivo dei figli, ma anche del genitore stesso.

Qualche tempo fa si rivolse a me una persona che da anni assieme al padre e all'ormai defunto nonno, stavano tentando di ricostruire l'identità della bisnonna paterna, la quale all'inizio del XX sec. aveva abbandonato il figlio (quindi il nonno) presso un convento di monache, lasciandolo in una cassetta di legno assieme ad una breve lettera con alcune indicazioni circa il cognome che la madre avrebbe voluto fosse attribuito al figlio. Secondo questa "ricostruzione leggendaria", attraverso quella lettera la donna avrebbe suggerito un cognome di fantasia per il figlio, per evitare qualunque collegamento con lei e la sua famiglia. Sempre secondo questa ricostruzione, sembra che le monache che presero in custodia il bimbo, avessero fin da subito sospettato che la madre fosse una nobildonna, la quale ingravidata da un domestico, rischiava di trascinare nello scandalo la famiglia che le impose di abbandonare il figlio una volta nato.

Analizzate le premesse dunque, quello che si fece inizialmente fu individuare il convento dove fu abbandonato l'infante e chiedere alla direttrice dell'istituto di ottenere l'atto di registrazione redatto al tempo. Purtroppo la richiesta non diede i frutti sperati, in quanto la direttrice sostenne che nell'atto di registrazione del nonno non vi fosse alcuna indicazione circa un'ipotetica lettera che accompagnava l'allora bimbo, né tantomeno annotazioni sull'ipotesi dell'origine del fanciullo da parte di chi ne effettuò la registrazione.

A livello pratico, questa vicenda si traduce in un complesso di ferite emozionali, tra cui particolarmente quelle da *abbandono* e da *rifiuto* (ma anche da *umiliazione*), che hanno coinvolto ben tre generazioni, ma probabilmente anche una quarta, se consideriamo il dolore che una madre può provare nel distacco forzato dal figlio.

Non potendo indagare sulla bisnonna in questione, possiamo semplicemente valutare l'infelice trasporto emotivo che mi fu sensibilmente trasmesso dalla persona che mi si era rivolta per fare chiarezza sulle vicende del nonno.

Questo ci racconta di come la privazione della nostra identità personale, per la mancata conoscenza dei nostri natali, possa tradursi in disagi che ci accompagnano per più generazioni, riflettendosi in molti ambiti della vita, dai rapporti familiari, a quelli professionali, ma più di tutto esistenziali.

Apparirà a questo punto indubbio, che chi si inoltra nella ricerca delle proprie radici senza la necessaria obbiettività e distacco, potrà incorrere in scoperte non particolarmente edificanti o comunque differenti rispetto a quanto ci si sarebbe aspettati, ma potrebbe accadere anche il contrario, ovvero il fatto di scoprire un passato gentile che restituisce profili di familiari benemeriti, che potrebbero aver portato contributi storici ragguardevoli fungendo da fonti di ispirazione per la nostra realizzazione personale.

Altre applicazioni della genealogia nella vita di tutti i giorni, potrebbero riguardare questioni successorie, le quali si dividono principalmente in due categorie: la prima è quella relativa all'identificazione dei membri viventi di una stessa famiglia, al fine di attribuire le quote di una eredità vacante, o al contrario onorare un debito lasciato dal *de cuius*; la seconda invece riguarda ancora l'accertamento di un ipotetico diritto di successione dinastica o nobiliare, per quanto obsoleta possa risultare oggi la questione.

Nel primo caso vediamo come negli ultimi anni, alcuni *studi di pratiche professionali* abbiano iniziato ad interessarsi al ritrovamento degli eredi di chi possa essere venuto meno senza lasciare discendenti diretti: è questa per esempio la situazione dell'anziano che non ha famigliari, né mai ha contratto matrimonio, il quale viene a mancare tra le mura domestiche, nella più completa solitudine. In questo caso i professionisti della *genealogia successoria* hanno il compito di individuare i parenti più prossimi, ovviamente viventi, che possano aver interesse nella successione di morte per riscattare un'eredità, o come si disse per rifondere un debito contratto in vita dal defunto.

Il secondo caso relativo a questioni dinastiche o nobiliari invece, è sempre un argomento che da un lato affascina, mentre dall'altro ci pone di fronte a questioni legali mai risolte che spesso creano disarmonie tra i "pretendenti al trono…".

La XIV Disposizione Transitoria della Costituzione della Repubblica Italiana recita quanto segue:

<blockquote>
«I titoli nobiliari non sono riconosciuti. I predicati di quelli esistenti prima del 28 ottobre 1922, valgono come parte del nome. L'Ordine Mauriziano è conservato come ente ospedaliero e funziona nei modi stabiliti dalla Legge. La Legge regola la soppressione della Consulta Araldica».
</blockquote>

Quanto sopra citato potrebbe portarci a chiudere l'argomento senza ulteriori divagazioni, ma in realtà la faccenda è più articolata di quanto si possa pensare, essendo che spesso attorno a diritti di successione nobiliare o dinastica, presunti o reali che siano, si trovano a ruotare interessi di ampia portata, quasi sempre di carattere economico.

Se è vero che l'ordinamento giuridico repubblicano non concede alcuna tutela giuridica al titolo nobiliare in sé, è altrettanto vero che per lo stesso principio non ha mai sollevato questioni sull'utilizzo di "titoli" da parte di chi se ne voglia fregiare.

Questo, fatto salvo che non si incorra nel reato di usurpazione di prerogative spettanti ad altre persone, o non si faccia riferimento a titoli accademici od onorifici, come per esempio gli *ordini cavallereschi*, i quali invece sono regolati da appositi uffici della Presidenza del Consiglio dei Ministri per quanto riguarda gli *ordini nazionali* e dal Ministero per gli Affari Esteri per quel che riguarda i titoli concessi da altri Paesi.

L'argomento che come detto affascina molte persone, può trovare risoluzione nella ricerca di un riconoscimento nobiliare da parte di enti che non debbano entrare in conflitto con la giurisprudenza italiana: uno di questi per esempio è il Corpo della Nobiltà Italiana (C.N.I.).

Il C.N.I. è un'associazione privata nata a Torino nel 1958, ma con sede a Roma e distaccamenti regionali in tutta Italia.

Tale Istituto nasce per volontà di un gruppo di *gentiluomini* italiani, fra cui studiosi di discipline genealogiche e araldiche, storia e diritto, con il solo scopo di *"accertare e salvaguardare i diritti storici dei nobili italiani"*, senza ovviamente poterne attribuire o concedere di nuovi, per via degli ovvi contrasti che andrebbero ad innescarsi con l'Ordinamento Italiano.

Ne consegue che, chiunque attraverso un'accurata indagine genealogica voglia far rivalere un antico "diritto nobiliare", oggi utile solamente per apostrofare i biglietti da visita, dovrebbe presentare un'apposita richiesta di verifica ben corredata dagli opportuni documenti genealogici a questo "nobile istituto".

Un'altra via percorribile, ma non certo facile, potrebbe essere quella di rivolgersi al *Tribunale Araldico* del Sovrano Militare Ordine di San Giovanni di Gerusalemme, Cipro e Malta, più semplicemente conosciuto come Sovrano Militare Ordine di Malta (S.M.O.M.).

Comunemente accettato dalla gran parte della comunità internazionale come *soggetto di diritto internazionale*, pur mancando del requisito della territorialità, l'Ordine di Malta è un ordine *religioso* e *cavalleresco* canonicamente dipendente dalla Santa Sede, con finalità assistenziali.

Esso per via della sua ormai millenaria storia, raccoglie a sé il fior fiore della nobiltà di tutto il mondo ed è particolarmente caro al *teatro nobiliare italiano*, essendo che la sua Sede di Stato è ubicata proprio a Roma, nel Palazzo Magistrale in via dei Condotti, dove si riunisce il *Consiglio Compito di Stato* e dove trova sede per l'appunto il *Tribunale Araldico*, godendo dello status di extraterritorialità.

Il 3 Settembre del 2022 Papa Francesco ha promulgato la nuova Carta Costituzionale dell'Ordine, andando a chiudere una profonda riforma dei quali effetti potremo comprendere meglio solamente nel corso dei prossimi anni.

Per il momento e per essere massimamente chiari, diremo che prima di avvicinarci ad un ente come lo S.M.O.M., è opportuno che l'interessato abbia contezza di tutti i risvolti che questo potrebbe comportare (oneri, impegni, ecc.).

Va detto infine che è assolutamente consigliabile che chi si rivolge al C.N.I., così come pure allo S.M.O.M. per ottenere un riconoscimento nobiliare, vanti solidissime basi sulle quali argomentare le proprie "pretese", in quanto non di rado mi è capitato d'incontrare persone che si sono rese ridicole di fronte richieste palesemente assurde ed inconsistenti.

Sconsiglierei decisamente a chiunque ambisca di far rivalere "un antico diritto" di rivolgersi ad altri enti, o studi privati in quanto rischierebbero solamente di ottenere una qualche pergamena mendace, non dissimile da quelle da mercatino di cui abbiamo già trattato nel primo capitolo.

Accenneremo infine la questione relativa all'ereditarietà di caratteristiche personali, così come pure di malattie, per comprendere il migliore "utilizzo" odierno della genealogia: al di là dei connotati fisici che possono farci assomigliare ad un genitore più che ad un altro, oppure ad un nonno anziché l'altro, è interessante indagare su quali caratteristiche intellettive potrebbero assimilarci ad altri membri della nostra famiglia.

Inclinazioni naturali e aspirazioni professionali, capacità innate e talenti che si sviluppano naturalmente in noi, senza che vi sia stato il bisogno di un reale percorso di apprendimento…

Tutto questo potrebbe essere il frutto di un imprinting genetico che ci ricollega direttamente ad un qualche avo, come se nell'eredità cromosomica ricevuta, vi fossero già tutte le informazioni che ci permettono di fare determinate cose senza la necessità di doverle imparare, in quanto sono già parte del nostro sapere.

È questo per esempio il caso di bambini che fin dalla più tenera età hanno la perfetta padronanza di uno strumento musicale, oppure una particolare propensione all'apprendimento di lingue straniere e ancora una particolare saggezza o maturità che li pongono in evidenza rispetto ai loro coetanei.

In quest'ultimo caso affronteremo anche una serie di questioni trascendentali nel prossimo capitolo, in quanto ritornando al percorso olistico che ha caratterizzato la mia personale formazione, non possiamo trascurare il fatto che, se è vero che siamo fatti di carne, è altresì vero che la carne altro non è che *energia* ad un determinato stato di densità, che coesiste su molteplici piani dell'esistenza, così come ben espresso dalla *fisica quantistica*.

Quindi e per tornare al punto, l'impiego della genealogia è ancora funzionale alla comprensione di difetti fisici, disfunzioni, malattie e stati emotivi ai quali siamo assoggettati.

Nello specifico diremmo che l'ereditarietà delle malattie è sempre stata una delle materie maggiormente considerate nello studio della genealogia familiare, tuttavia ci sono studi che hanno messo in evidenza il fatto che alcuni figli adottati hanno sviluppato malattie peculiari dei genitori e dei nonni adottivi, perciò non legati ad essi da vincoli di sangue e da geni.

Questi fatti per certi versi curiosi, per altri difficilmente interpretabili possono invece trovare una valida spiegazione nell'*epigenetica*, ovvero in quel complesso di *mutazioni funzionali* che l'individuo può sviluppare all'interno di un contesto familiare diverso da quello di origine.

Proviamo dunque ad addentrarci con animo aperto e disteso nella *metafisica della genealogia*.

Capitolo IV

PSICOLOGIA E METAFISICA DELLA GENEALOGIA

Esistono alcuni aspetti della genealogia che fino ad oggi sono stati per la maggior parte scarsamente considerati, se non addirittura scartati o snobbati, sebbene negli ultimissimi anni si vada profilando un principio di risveglio nei confronti di "discipline olistiche" che puntano alla rivelazione di aspetti umani, psichici e spirituali che possano favorire nuovi approcci alla conoscenza di noi stessi e delle "cause" che hanno concorso alla nostra esistenza.

In questo capitolo mi propongo di portare luce proprio su questi aspetti, con il fine di invitare il ricercatore a fuoriuscire dai canoni classici della ricerca, per abbracciare un repertorio di informazioni e soluzioni che stanno iniziando a trovare il giusto eco tra gli studi e la letteratura moderna.

Uno dei temi principali su cui mi voglio soffermare, già anticipato all'inizio di questo lavoro, è la *transgenerazionalità*, un termine che definiremmo "nuovo", o comunque che inizia a svilupparsi particolarmente dagli anni Settanta, per indicare un complesso di *legami invisibili* che ci portano a vivere e rivivere situazioni fisiche, emotive o trascendentali appartenute ai nostri avi e che, almeno all'apparenza, non hanno nulla a che vedere con il nostro presente.

Facendo dunque riferimento agli studi sulla *psicologia transgenerazionale* della già citata D.ssa Anne Ancelin Schützenberger, cerchiamo di comprendere quali dinamiche ci leghino ai nostri avi partendo dal presupposto che possa esistere un *inconscio collettivo familiare* che ci tiene uniti come se fossimo *insetti* attaccati alla tela di un ragno: l'immagine potrebbe risultare poco entusiasmante ai più, ma rifacendomi contestualmente al concetto di *Metagenealogia* espresso da Alejandro Jodorowsky, cercheremo di comprendere come *la famiglia* possa effettivamente rivelarsi un *tesoro* o un *tranello*.

Andiamo per gradi osservando come eminenti studiosi abbiano già in parte affrontato la questione del "transgenerazionale": parliamo di personalità del calibro di *Carl Gustav Jung, Sigmund Freud, Jacob Levi Moreno, Ivan Boszormenyi-Nagy, François Dolto, Nicolas Abraham, Girolamo Lo Verso, Maria Török* ed altri ancora, tuttavia sembra che solo la Schützenberger abbia avuto l'intuizione di fare alcuni collegamenti che possono essere ritenuti "illuminanti".

Per la verità non si tratta solamente di pure intuizioni, bensì della catalogazione di un insieme di eventi statisticamente rilevanti, che hanno permesso di organizzare una serie di attività finalizzate all'interruzione ciclica di eventi che sono stati definiti con il termine *"sindrome da anniversario"*.

La ricerca genealogica assume così un valore che definiremo *rivoluzionario*, con il fine cioè di porre rimedio ad una serie di irrisolti storico-familiari che inconsciamente possano condizionare qualunque membro della famiglia vivente, così come potrebbero aver condizionato i nostri predecessori.

Quando inizialmente mi fu presentato il "problema" della *sindrome da anniversario*, non compresi subito che cosa fosse questo strano "meccanismo ancestrale" che tendeva a mettere in relazione la ripetizione di eventi e date comuni tra i viventi e i defunti, fin quando per una "casualità" mi trovai a partecipare al funerale di un conoscente… Ero presente alla mesta cerimonia assieme a mia madre e durante l'omelia, il prete iniziò a raccontare un triste aneddoto riguardante il defunto, a cui attribuiremo il nome di fantasia "Paolo" e la sua famiglia: «Paolo era venuto a mancare improvvisamente all'età di 46 anni, a causa di un incidente in moto. Il prete raccontò di come egli fosse nato nello stesso anno in cui il nonno venne a mancare per causa di una malattia all'età di 46 anni ed ancora aggiunse che sempre nello stesso anno, morì anche uno zio di Paolo alla stessa età di 46 anni e nelle stesse circostanze, cioè a causa di un incidente motociclistico».

Di questa storia, non sfuggirà di certo la sospetta ripetizione del numero 46, ovvero gli anni che accomunano queste tre morti, delle quali due in circostanze analoghe e comunque legate dal denominatore comune che vede la nascita di Paolo contestuale alla morte del nonno e di uno zio.

Uscendo dalla messa, mi venne spontaneo commentare assieme a mia madre il fatto e, con mia somma sorpresa, lei mi disse che anche nella sua famiglia si era verificato un fatto simile, che alimentò una certa ansia tra i familiari: mi ricordò che suo padre, cioè mio nonno, era morto per causa di un ictus cerebrale all'età di 62 anni. Il fratello di mio nonno, allo stesso modo era morto all'età di 62 anni qualche tempo più tardi, per causa di un cancro. Ancora il padre di questi due, cioè il mio bisnonno, era morto all'età di 62 anni a causa di una tubercolosi polmonare... Dopo il ripetersi di questi lutti, avvenuti tutti e tre all'età di 62 anni, venne spontaneo per i famigliari iniziare a temere l'avvicinarsi del sessantaduesimo anno di età, come se vi fosse la percezione inconscia di trovarsi a dover affrontare una prova potenzialmente mortale.

Quello che fino a quel momento non avevo compreso relativamente alla *sindrome da anniversario*, improvvisamente mi fu oltremodo chiaro, tant'è che appena tornai a casa esaminai l'albero genealogico della mia famiglia per linea paterna e osservai immediatamente un fatto che da un lato mi creò un certo turbamento, dall'altro andò a portare ulteriori conferme a quel fenomeno che a quel punto, non poteva più essere considerato una semplice teoria.

Osservai che nel mio albero genealogico erano presenti tre individui che portavano un nome che, sebbene si esprimesse in varianti ipocoristiche differenti, aveva comunque la stessa origine, ovvero *"Aloysio"*, o più modernamente *"Luigi"*: si trattava di mio nonno Gino e dei due figli di un cugino, di nome Luigi e Luisa. Per quanto le mie ricerche mi abbiano portato a scoprire dal 1254 ad oggi, solamente questi tre personaggi condividevano il nome originato dalla stessa matrice di Aloysio, escludendo un paio di *"Alvise"* che però erano riferiti ad un ramo collaterale divisosi da quello a me diretto all'inizio del 1600.

Il fatto che mi sorprese, è che tutti e tre fossero morti prematuramente: Luigi morì in fasce ad un solo giorno dalla nascita, mentre la sorella Luisa se ne andò per causa di un cancro all'età di 52 anni, così come mio nonno Gino che per via di un infarto venne meno alla stessa età di 52 anni.

A tal proposito, ricorderò che mio nonno Gino, morì la notte tra il 29 e il 30 Settembre del 1962 e, come a voler commemorare questo macabro anniversario, il 30 Settembre del 1997 mio padre fu coinvolto in un incidente stradale che gli costò quasi la vita. Siamo di fronte ad una serie di eventi ricchi di troppe coincidenze e analogie per poterle declassare a semplici casualità.

Infine ricorderò la data del 13 Giugno, alla quale sono legato in quanto è il giorno in cui ricorre la festività di Sant'Antonio da Padova: faccio parte da 25 anni di un gruppo di volontari che si riuniscono in un'apposita sede messa a disposizione dei frati della Basilica Pontificia e ogni 13 Giugno siamo particolarmente attivi nelle attività di accoglienza dei pellegrini che vengono a visitare le spoglie del Santo. Ora, se è vero che *tre indizi fanno una prova*, non posso fare a meno di ricordare che il 13 Giugno del 2008 vissi di riflesso ad un evento delittuoso che mi creò grande turbamento e dolore. Il 13 Giugno del 2009 fui coinvolto in un incidente stradale dal quale sono uscito "quasi illeso" solamente per miracolo. Il 13 Giugno del 2020 mi ritrovai bloccato a letto con una forte infiammazione lombosacrale che mi costrinse al riposo forzato per più giorni…

Non nascondo che in questi anni, sia io che la mia famiglia abbiamo visto l'avvicinarsi della data del 13 Giugno con una certa apprensione, in quanto sembra rappresentare proprio un anniversario del cui ricordo è auspicabile che io mi debba liberare.

Dopo aver letto *La Sindrome degli Antenati*, l'insieme di questi eventi particolari non possono più essere ridotti a mere coincidenze e quindi questo rappresenta per noi il punto di partenza per sviluppare una metodica di ricerca che come già accennato, vuole fuoriuscire dai canoni classici della genealogia tradizionale.

Per il ricercatore che comprende l'importanza delle *sincronicità* che ci legano al passato e ai nostri avi, nascerà spontanea la necessità di indagare proprio su quei legami, al fine di scioglierli in una specie di *liberi tutti*, atto a chiudere definitivamente la ripetizione ciclica di quegli eventi che hanno condizionato i nostri avi, che condizionano noi stessi e che quindi per lo stesso principio probabilmente condizioneranno anche i posteri.

A questo punto appare chiaro che la ricerca genealogica non può più ridursi alla semplice raccolta di documenti di nascita, matrimonio e morte, al fine di tracciare un albero genealogico fine a sé stesso, ma diventa uno strumento d'indagine e di guarigione per tutta la prosapia: che sia di antica e nobile estrazione o di più umili e modeste origini, poco importa per il fine del ricercatore più oculato. L'obbiettivo è quello di liberare tutta la famiglia dalla *tela del ragno*.

Continuando sul percorso tracciato dalla Schützenberger, andiamo a scandagliare alcuni concetti entro i quali potrebbero nascondersi quei *tranelli*, evidenziati anche da Jodorowsky, che condizionerebbero l'armonia del nostro albero genealogico. Si tratta particolarmente di *segreti*, cose *indicibili* o *impensabili*, o anche semplicemente taciute, che sembra siano alla base di *psico-traumi* che vanno a fissarsi nella nostra *ragnatela familiare.*

Per amor di verità, farò un piccolo inciso evidenziando come sia la Schützemberger che Jodorowsky, sebbene con metodi e percorsi di studio e ricerca piuttosto differenti, affrontarono negli anni '80 uno studio personale per la creazione di un sistema di "guarigione" dell'albero genealogico e sembra che proprio a Jodorowsky si debba l'invenzione del termine "psicogenealogia".

Il fatto curioso è che in quegli anni entrambi stavano lavorando ad un manoscritto per la pubblicazione di un testo sull'argomento in questione e, in maniera imprevedibile, sia il manoscritto di Jodorowsky, sia quello della Schützemberger andarono irrimediabilmente perduti, costringendoli a rielaborare nuovi manoscritti.

Tornando dunque al nostro percorso di ricerca, sarà interessante considerare quei *segreti* e *non-detti* che sembrano condizionare così profondamente la famiglia per più generazioni.

Il *diario di famiglia* al quale ho accennato nel secondo capitolo diventa in questo modo uno strumento fondamentale per raccogliere quelle informazioni che, andando al di là della data di nascita, matrimonio e morte, della professione ed eventuali titoli accademici e onorifici, ci permette di conservare quei dettagli che descrivono realmente la vita di chi ci ha preceduti e soprattutto quella parte "un po' in ombra" che potrebbe rivelarci la soluzione di un conflitto mai risolto.

In sostanza, sembra essere dimostrato che un segreto celato all'interno di una generazione familiare, possa produrre effetti a lungo termine nelle successive generazioni: potrebbe trattarsi di un aborto, oppure di un delitto, una maledizione, un atto incestuoso o ancora il voler nascondere un tradimento, l'omosessualità, la pedofilia, la stregoneria o la pazzia di un familiare, l'abbandono di un figlio e così via.

Possono essere molte le questioni taciute per paura, vergogna, "semplice ignoranza" e così di seguito. Tuttavia questi silenzi rimangono depositati nella psiche collettiva della famiglia, continuando a radicare silenziosamente, ma inesorabilmente con effetti deleteri per tutto l'albero.

Esiste poi una sorta di *patto familiare silenzioso*, come un accordo tacito e implicito che ci induce a portare a termine una questione sospesa, mai risolta, magari da un nonno o un bisnonno. È questo il caso di un personaggio che definiremmo "borghese", di cui mi sono occupato per lungo tempo e che chiameremo idealmente "Riccardo", il quale negli anni '90 iniziò a nutrire il desiderio di prendere parte ad ambienti altolocati: in quegli anni Riccardo aveva iniziato ad interrogarsi sul proprio cognome e su un quadro conservato dal padre, il quale ritraeva l'antico stemma della loro famiglia. Essendo venuto a mancare il nonno quando il padre era ancora un bambino, Riccardo non conservava praticamente alcuna memoria storica della sua famiglia, così partendo proprio dal suo cognome iniziò una ricerca attraverso archivi e biblioteche locali, arrivando a conoscere il delegato di uno storico ordine cavalleresco il quale, presolo in simpatia, lo avvicinò ad ambienti aristocratici dove Riccardo seppe inserirsi con naturalezza e nonchalance, almeno in un primo momento. Con il tempo ed approfondendo la conoscenza della propria famiglia, il suo atteggiamento nei confronti dell'aristocrazia si trasformò a poco a poco in un desiderio di affermazione sociale e di riconoscimento personale/familiare, tant'è che iniziò a investire tempo e denaro in una ricerca genealogica che avrebbe dovuto far emergere i necessari collegamenti atti a permettergli la riconferma di un'antica nobiltà da parte del *Sovrano Militare Ordine di Malta* di cui già abbiamo parlato.

Esaminando in profondità il caso di Riccardo, emerse che il quadrisavolo paterno, il quale effettivamente aveva discendenze nobiliari, avviò le pratiche per il riconoscimento dell'avita nobiltà presso l'allora *Consulta Araldica del Regno d'Italia*. A causa della mancanza di alcuni documenti che erano andati distrutti nel corso dei secoli, la Consulta Araldica non ritenne di emettere un provvedimento di riconoscimento nobiliare in favore del quadrisavolo e della sua famiglia, cosicché per quanto anche successivamente da parte del trisavolo e poi del bisnonno, fossero stati avanzati dei ricorsi per rivedere la decisione della Consulta, quest'ultima non ritornò mai sui suoi passi fin quando a seguito della caduta della monarchia, venne definitivamente chiusa anche la Consulta stessa.

Mi sono trovato di fronte ad un caso particolare, ovvero quello di un individuo, "Riccardo", che inconsciamente si fece carico di portare avanti quel processo di riconoscimento nobiliare, che aveva saltato la generazione di suo padre e suo nonno, ricollegandolo direttamente ad un insoluto che apparteneva al bisnonno e prima ancora al trisavolo e al quadrisavolo.

Di fatto Riccardo non aveva alcuna necessità di doversi riappropriare di una ipotetica nobiltà, soprattutto nel quadro storico attuale di cui abbiamo già argomentato e che sostanzialmente non offre alcuna prerogativa, né tutela giuridica. "Semplicemente" Riccardo si era fatto inconsciamente carico, di portare a termine un'impresa iniziata cinque generazioni prima e che non riusciva a trovare soddisfazione presso l'albero genealogico.

Da questo momento in poi, sarà per noi opportuno iniziare a considerare l'albero genealogico come un'entità a sé stante, viva e vitale e con una propria identità e missione.

Tuttavia nel corso dei nostri studi, potremmo giungere alla conclusione che questa "entità" potrebbe rivelarsi non tanto la *ragnatela genealogica* alla quale siamo tutti incollati, bensì il *ragno* stesso...

Proseguiamo così nella nostra disamina osservando come il caso di "Riccardo" sia inquadrabile in una sorta di "lealtà invisibile" nei confronti dei suoi avi, come ci suggerisce lo psicanalista ungherese Ivan Boszormenyi-Nagy, il quale osservò che nelle relazioni transgenerazionali all'interno di una famiglia, viene richiesta una sorta di giustizia, di equità in seno alla famiglia stessa: in un aforisma potremmo dire "uno per tutti e tutti per uno".

Un esempio in tal senso, ci viene favorito dalla semplice considerazione del "peso delle parole": immaginiamo che due persone, diciamo due conoscenti, si trovino a litigare per questioni per noi ininfluenti. Accadrà che vi sarà uno scambio di parole molto pesanti con la conseguente rottura dei rapporti fra i due. A seguire i litiganti torneranno a casa e trasmetteranno tutto il loro risentimento ai familiari, cosicché tutta la famiglia per parte presa sarà in contrasto con la famiglia del rispettivo antagonista. A distanza di due o tre generazioni, vedremo che le due famiglie continueranno a coltivare sentimenti di astio l'una nei confronti dell'altra, ma singolarmente i nipoti e i pronipoti probabilmente non ne conosceranno il motivo. Avranno instaurato un odio atavico che non appartiene a nessuno degli attuali rappresentanti della famiglia, ma che attiene semplicemente ad un senso di lealtà nei confronti dei litiganti originari.

Boszormenyi-Nagy osservò ancora la complessità di comprendere i legami transgenerazionali, in quanto sembra che ogni famiglia abbia un proprio "codice etico" e quindi un modo a sé d'intendere giustizia e lealtà.

Questo complica non poco il lavoro del ricercatore, in quanto non potendoci essere obiettività nell'inquadrare un problema verso una soluzione, ci troviamo di fronte ad un panorama di scelte che presuppone domande e risposte differenti per ogni situazione.

Ora, dopo aver esaminato un caso che si sviluppa su questioni che definiremmo "morali", passiamo all'esame di situazioni differenti, le quali mettono in moto meccanismi psicofisici che possono ripercuotersi sulla salute. È il caso per esempio di gravi ingiustizie subite e che continuano a far male per molto tempo, fin poi a trasmettersi di generazione in generazione, potendo sfociare in malattie tumorali o psichiche: in base alle ormai assodate conoscenze sulla genetica, siamo quasi sempre portati a pensare che le "malattie genetiche" si trasmettano per definizione attraverso i geni e i cromosomi e quasi mai invece, si considera che certe malattie possano svilupparsi a causa di un legame psichico, incorporeo, beninteso l'ormai approfondita conoscenza della psicosomatica che però applicheremmo in ambiti diversi da quelli qui trattati.

Secondo Boszormenyi-Nagy, quando una persona non riesce a perdonare un'ingiustizia subita, incorre nella possibilità che questa disarmonia si manifesti sotto forma di malattia e questo processo possa poi seguire gli eventuali discendenti fintanto che non venga portato alla luce il trauma originario, andando a risolverlo.

Un altro concetto macabro e affascinante al contempo è quello de *"la cripta e il fantasma"*, introdotto dagli psicanalisti Maria Török e Nicholas Abraham che hanno elucubrato sulle dinamiche che vedrebbero l'intromissione di un defunto morto in circostanze difficili, il quale fuoriesce dalla tomba malamente chiusa per insinuarsi nella psiche (la cripta) di un membro della famiglia designato per il sacrificio, il quale si troverà quindi a dover sostenere una sorta di condizionamento, o sdoppiamento della personalità, condividendo parte degli irrisolti del defunto.

L'argomento sarebbe alquanto complesso e lungo da trattare in questo lavoro, per tanto invito il lettore a fare riferimento alla bibliografia attraverso cui potrà trovare le necessarie fonti di approfondimento.

Ciò su cui invece torniamo ad insistere è il nostro *diario familiare*, il quale se diligentemente compilato raccoglierà tutte le necessarie informazioni che ci permetteranno di mettere in relazione date, eventi, malattie, rapporti, collegamenti di varia natura e tutto quanto possa darci il più ampio quadro possibile sulla situazione storica e presente nella nostra famiglia.

Passiamo così dalla "psicologia transgenerazionale" alla *"Metagenealogia"* ritornando su concetti espressi da Alejandro Jodorowsky e Marianne Costa, i quali affrontano le questioni della genealogia e delle influenze familiari da un punto di vista "artistico" ed "esoterico".

Jodorowsky e la Costa sembrano abbastanza risoluti nel considerare l'interazione tra l'*inconscio familiare* e quello *personale* e non temono di attribuire a questo interscambio, qualità tanto positive quanto negative.

La Metagenealogia, o *Psicogenealogia* com'era stata inizialmente definita dallo stesso Jodorowsky all'inizio degli anni Ottanta, è un vero e proprio percorso artistico che attraversa la vita intera, in un viaggio diretto alla comprensione della vita stessa. Quando nell'individuo si sviluppa una malattia, questa pone in evidenza la mancanza di bellezza e di coscienza alla quale l'Anima anela e il processo di guarigione consiste sostanzialmente nel percorso che ci porta ad essere noi stessi, senza i condizionamenti derivati dalla nostra *ragnatela genealogica*.

A questo punto arriviamo a rimescolare "il mazzo delle nostre carte genealogiche" e, dove fino ad un attimo fa abbiamo sostenuto che la genealogia rappresenta il percorso verso la scoperta e la realizzazione della nostra identità personale, ora ipotizziamo che di questa identità possa essere arrivato il momento di liberarcene!

Infatti il percorso di ricerca potrebbe portarci a comprendere quante e quali intromissioni familiari ci siano tra la nostra realizzazione personale, e quella invece verso la quale ci avrebbero voluto traghettare i nostri genitori, i nostri nonni e così via.

L'ho descritto chiaramente nella storia di "Riccardo" e della smania per il lustro nobiliare che egli visse per compensare i "fallimenti" dei suoi bis-tris-quadrisnonni: Riccardo non stava vivendo la sua vita, bensì quella dei propri avi.

Il problema che si propone di risolvere la Metagenealogia è proprio quello di spezzare le catene che ci tengono ancorati a pretese di vita, non nostre, ma dell'inconscio familiare. In tal senso la guarigione dell'individuo, si trasforma in un processo di realizzazione di sé, attraverso lo studio delle generazioni passate e il lascito materiale e spirituale che ci è stato consegnato.

L'esplorazione dell'albero genealogico diventa in questo modo un vero e proprio *viaggio iniziatico* che deve condurci ad una reale presa di coscienza di chi siamo, a prescindere dall'idea o dal "progetto" che il nostro albero genealogico ha per noi e Jodorowsky utilizza strumenti di viaggio che certamente lasceranno basiti i genealogisti più ortodossi: i *Tarocchi di Marsiglia*.

Invito a questo punto il lettore, a rimuovere i molteplici strati di credenze, conoscenze e certezze personali che potrebbero farlo rivoltare, per aprirsi ad una visione più ampia dei processi psicologici che determinano i nostri modi di essere e di vivere. I Tarocchi di Marsiglia non sono delle figurine da cartomanti di strada o da sagra paesana, ma *immagini archetipali* che racchiudono in sé un sapere antichissimo. Sarebbe per noi un gravissimo errore considerare per esempio il *Test di Rorschach* come strumento di indagine della personalità e contestualmente scartare a priori i Tarocchi di Marsiglia su cui si strutturano i fondamenti della simbologia occidentale, mettendo in luce la realtà umana, cosmica, fisica e psichica.

Attraverso i percorsi della Metagenealogia, andando a rimestare il nostro mazzo di carte facciamo il lavoro esattamente contrario a quello che abbiamo fin qui evidenziato. Mentre fin ora abbiamo operato per dare un senso al presente e al futuro attraverso l'indagine del passato, adesso ci troviamo a dare invece un senso al passato attraverso la realizzazione del presente, in maniera autonoma, scollegata da quei condizionamenti che nella ricerca tradizionale ci vorrebbero "continuità proprio di quel passato".

In questo tipo di percorso, la cautela è assolutamente d'obbligo, poiché nel momento in cui l'albero genealogico ci individua come potenziali "pecore nere" (cioè come quegli elementi che non si conformano alle regole del *clan*), inizierà a cospirare contro di noi al fine di ridurre al minimo le influenze negative che potremmo avere sull'albero stesso.

Non di rado, infatti, persone che affrontano percorsi di vita difficili, come la droga o l'alcolismo, la prostituzione o il gioco, sono individui che hanno un'idea di sé "non conforme" a quanto stabilito dall'albero genealogico e in virtù di questa consapevolezza, diventa per loro una priorità sciogliere i legami deleteri che ostacolano una realizzazione individuale, in favore del mantenimento e consolidamento del clan familiare.

Arrivati qui, dovrebbe apparire chiaro al lettore che la visione con cui viene affrontata la genealogia in questo testo, richieda uno sforzo intellettuale e critico per staccarsi da metodi ortodossi che consentano solamente posizioni scientifiche e razionali, in quanto è riconosciuto che l'inconscio umano sia dotato di una energia vitale non standardizzata e che racchiude in sé la possibilità per guarire l'individuo stesso, così come tutto il quadro familiare.

Quello che dobbiamo comprendere, è quanto siano funzionali a noi e alla nostra realizzazione personale, le influenze derivate dai nostri avi e quanto invece siano disfunzionali per il medesimo scopo.

Uno dei fattori determinanti per la nostra realizzazione è sicuramente la presa di coscienza, ovvero la consapevolezza delle scelte che si vanno ad operare. In tal senso ogni nostra azione, diretta al progresso personale, sui presupposti di quanto di sano ci è stato trasmesso dall'*albero*, diventa un punto di forza per noi e per tutta la nostra *stirpe*. Al contrario se le nostre azioni sono rivolte alla mera "glorificazione" degli ideali di uno o più avi, continuandone l'opera, ci troveremo a perdere i nostri obbiettivi di realizzazione a vantaggio del consolidamento della nostra ragnatela genealogica...

Dovrebbe quindi apparire chiara al ricercatore la necessità di soffermarsi per interrogarsi su quali siano i nostri reali obbiettivi, le aspirazioni e i desideri: hanno a che fare con noi e la nostra vita, oppure sono il riflesso di un programma familiare strutturato su continue ripetizioni di cliché che attraversano più e più generazioni?

Consapevolezza, risveglio, presenza: questi sono i pilastri su cui si fonda la realizzazione personale e se questa sarà sostenuto da una sorta di "alleanza familiare" che punta al miglioramento di ogni singolo individuo, l'evoluzione potrà definirsi sana e auspicabile, mentre se al contrario vivessimo in uno stato di stasi, bloccati nelle nostre scelte, inconsapevoli degli obbiettivi e dei mezzi per poterli raggiungere, o ancora ingabbiati in situazioni di vita che ci vogliono in un luogo diverso da quello in cui sentiremmo di voler essere, ci troveremmo con molta probabilità a vivere una sorta di *"possessione transgenerazionale"* che dev'essere portata alla luce e disattivata.

Ora, ritornando all'analisi delle *immagini archetipali*, come fonte di indagine e di sviluppo della psiche umana, cercheremo di capire come l'utilizzo dei Tarocchi di Marsiglia da parte di Jodorowsky, ma non solo, possano costituire uno strumento valido di risoluzione e riscatto di blocchi e irrisolti familiari che ancora condizionano il ricercatore. Per fare questo introdurremo il concetto di *"campo morfogenetico"*, termine coniato negli anni Ottanta dal biologo e saggista britannico *Rupert Sheldrake*, che teorizzò l'esistenza di una *"forza invisibile"* all'interno di un determinato sistema, la quale non si identifica con qualcuno dei suoi elementi, ma con il sistema stesso. Il *campo morfogenetico* sarebbe dunque responsabile della forma, della struttura e dell'organizzazione del sistema (in questo caso familiare) e godrebbe di una sua memoria che viene alimentata e sostenuta da ciascun elemento di cui si compone (in questo caso da ogni membro della famiglia).

Il *campo morfogenetico* è la base su cui si struttureranno anche le *"Costellazioni Familiari e Sistemiche"*, branca della psicologia elaborata dagli anni Ottanta dallo psicologo e scrittore tedesco *Bert Hellinger*, basata sull'assunto che i *campi morfici* siano collegati all'inconscio dell'individuo, che entra quindi in relazione con tutto quello che il "campo" stesso contiene: la famiglia di origine, il territorio, la specie umana, il pianeta...

Allo stesso modo della Metagenealogia dunque, anche le Costellazioni Familiari si muovono all'interno di un "ambiente" dove la *risonanza morfica* mette in connessione tutti i componenti di una famiglia che partecipano ad una "rappresentazione teatrale": il campo morfogenetico è il palcoscenico, ma allo stesso tempo rappresenta anche gli attori, ovvero i membri della famiglia ed ancora il regista che distribuisce le parti e ne organizza la messa in scena.

Partecipare ad una Costellazione Familiare non è dissimile dal consultare i Tarocchi, in quanto nel momento in cui il consultante si pone al centro della questione da risolvere, apre il proprio campo morfogenetico, il quale entrerà in risonanza con le persone ("attori") che si sono prestate all'interpretazione della sua famiglia, piuttosto che le Lame del Tarocco che attraverso le loro immagini archetipali daranno l'interpretazione del dramma inscenato.

Per quanto riguarda gli "attori" veri e propri che si prestano ad inscenare una Costellazione Familiare in favore di un richiedente, è interessante, ma direi addirittura stupefacente, notare come l'apertura del campo morfogenetico del richiedente metta in relazione/connessione una serie di dinamiche personali e familiari che non riguardano solamente il richiedente stesso, bensì tutti gli attori partecipanti.

Mi sento di suggerire a chiunque abbia intenzione di affrontare un percorso di indagine genealogica, di rivolgersi "a cuor leggero" ad un *tarologo* serio e professionale che abbia profonda conoscenza degli archetipi e dei meccanismi di trasmissione familiare, per un consulto tarologico.

Allo stesso modo invito il lettore a considerare vivamente la possibilità di portare le proprie questioni familiari all'interno di una Costellazione, purché sia inscenata e diretta da uno psicologo dalle documentate competenze.

A tal proposito ricorderò il caso di un personaggio che chiameremo idealmente "Tommaso", il quale da anni aveva nel cassetto il manoscritto del suo primo libro: Tommaso aveva consultato diverse case editrici per la pubblicazione del suo libro, tuttavia sembrava che nessuna fosse interessata alle argomentazioni trattate. Oltre a ciò, egli lamentava il fatto che la famiglia di suo padre risultasse da anni disgregata, tant'è che sempre egli sosteneva di avere diversi zii e cugini con i quali non aveva mai scambiato nemmeno una parola. Un giorno, per un complesso di casualità che sarebbe più opportuno definire "sincronicità", Tommaso si trovò a partecipare ad una Costellazione Familiare, dalla quale emerse un profondo disagio causato dal mancato riconoscimento circa la legittimità di suo padre, da parte di alcuni membri della famiglia. Nel corso della rappresentazione, gli attori tentarono di ristabilire l'equilibrio e l'armonia tra il padre di Tommaso e i suoi avi ed alla fine della sessione risultò che la pace fosse stata raggiunta, ristabilendo unità e amicizia all'interno della famiglia.

A qualcuno potrà sembrare fantasia o fantascienza, ma che ci si creda o meno, a distanza di pochi giorni una casa editrice contattò Tommaso per proporgli un contratto editoriale per la pubblicazione del suo libro di esordio. Allo stesso modo, qualche settimana più tardi, per un insieme di "casuali" circostanze, Tommaso si trovò faccia a faccia con alcuni suoi cugini che non aveva praticamente mai visto e da quel primo incontro si riallacciarono rapporti interrotti da molti decenni tra la sua famiglia e quella di zii e cugini. Sembra proprio che l'aver ristabilito ordine nel campo morfogenetico familiare, abbia portato alla risoluzione di alcuni conflitti storici che hanno liberato tutti i membri della famiglia, riportando pace e fratellanza e dando autorità a Tommaso di esprimere i propri talenti e desideri senza gli ostacoli determinati da antiche disarmonie familiari.

Questo è solamente uno dei tanti esempi documentabili, per tanto invito sempre il lettore ed ancor più il ricercatore a non porre limiti di sorta all'indagine genealogica, per aprirsi maggiormente ad una ricerca più possibilista, per quanto non-convenzionale possa apparire.

Ora, beninteso l'ovvia difficoltà da parte del ricercatore di poter spaziare in ogni ambito della conoscenza, sarà quantomeno opportuno addentrarsi in materie che negli ultimi anni stanno ottenendo un certo eco attraverso la letteratura, quasi sempre a carattere spirituale o religioso, ma anche psicologico: mi riferisco alla tematica delle cosiddette *"ferite emozionali"*.

Lise Bourbeau saggista canadese esperta in crescita personale dal 1982, ha elaborato la "teoria" sulle 5 ferite emozionali che si fondano oltre che su un approccio che definiremmo trascendentale, anche su una più solida base psichica: *rifiuto, abbandono, ingiustizia, umiliazione* e *tradimento* sono le disarmonie che condizionerebbero l'individuo, non solo dal momento della nascita in poi, ma anche dalla fase gestazionale e addirittura da un insieme di "informazioni" che possono riguardare tanto la madre, quanto il padre, prima ancora del concepimento stesso. Ad ogni ferita dunque corrisponde una "maschera" che l'individuo utilizza inconsciamente per nascondere il proprio disagio. In definitiva queste ferite non condizionerebbero l'individuo solamente da un punto di vista emotivo, ma anche fisico determinando la forma del corpo e la naturale inclinazione allo sviluppo di determinati handicap o malattie.

A molti queste affermazioni potrebbero apparire quantomeno fantasiose, ma evidentemente non è così per quei cinque milioni di lettori, che ad oggi hanno acquistato i libri della Bourbeau tradotti in 21 lingue in tutto il mondo.

Volendo fare una rapida e marginale carrellata di queste ferite diremmo che il *"rifiuto"* rappresenta la ferita esistenziale più grave e si forma nella relazione con il genitore dello stesso sesso fin dalla nascita. La ferita da *"ingiustizia"* è associata alla precedente ma sembrerebbe avere uno sviluppo più tardo, nell'età infantile tra i 4 e i 6 anni e anch'essa è ricollegabile al genitore dello stesso sesso, ma con ripercussioni più accentuare nell'esternazione della collera. Arriviamo così alla ferita da *"abbandono"* che si sviluppa nei primi due anni di vita nel rapporto con il genitore del sesso opposto ed ha a che fare con la percezione dell'amore o della sua mancanza. La ferita da *"tradimento"* si risveglia attorno al terzo e al quinto anno di età, ancora in relazione al genitore di sesso opposto e potrebbe risultare come conseguenza della precedente ferita. Infine l'"*umiliazione*", che si lega alla personalità propria di ogni individuo e che quindi avrebbe carattere personale, svincolata dalle "regole" di trasmissione genitoriale.

Chiaramente questo breve testo, per sua natura, non può addentrarsi nello sviluppo di concetti che ci porterebbero troppo fuori dai confini entro i quali esso stesso nasce.

Tuttavia è sempre vivo l'invito ad approfondire personalmente le varie tematiche, al fine di aver un quadro più ampio di conoscenza e un margine d'intervento più efficace e mirato per poter risolvere i conflitti dell'albero genealogico.

In ultima analisi quindi vorremmo considerare gli studi del biologo *Conrad Hal Waddington* che nel 1942 introdusse il concetto di "*epigenetica*", dando vita ad una serie di studi che negli ultimi anni stanno riscontrando sempre maggior interesse.

Epigenetico: ovvero "relativo all'eredità familiare" secondo la traduzione dal greco, che si esprime non in alterazioni del DNA, bensì in mutazioni funzionali che possono essere attivate da vari fattori, come ad esempio lo stile di vita, l'alimentazione, l'ambiente, la società, traumi psicologici ed altro.

Gli sviluppi delle ricerche di Waddington sono oggi oggetto di approfondimento da parte di molti medici e studiosi che hanno compreso il legame che intercorre tra patologie molto serie e l'attivazione, o mancata attivazione, di alcuni geni che ne possono determinarne la degenerazione. Ci troviamo insomma di fronte ad una sorta di "coscienza" del *campo generazionale* che si attiva o meno in base all'informazione che si presenta.

Da un punto di vista più sottile, osserviamo le considerazioni di *Bruce Harold Lipton*, biologo cellulare statunitense che pone l'attenzione sulle influenze che le nostre credenze possono avere sulla nostra realtà individuale. Non solo le nostre credenze, ma anche quelle collettive, sociali e culturali le quali possono condizionare il nostro comportamento e la nostra biologia.

In questo particolare contesto, nel quale non possiamo entrare nella specificità delle argomentazioni introdotte esclusivamente a beneficio del ricercatore più interessato, vorrei tentare di far comprendere come l'attivazione di determinati geni espressi dall'epigenetica, in combinazione con gli effetti dell'ambiente in cui viviamo, particolarmente quello familiare pregno di credenze e condizionamenti ereditati, sia alla base di situazioni talvolta conflittuali che possono determinare in noi atteggiamenti che potrebbero svilupparsi in problematiche di carattere fisico e psichico con ripercussioni più o meno gravi, particolarmente a danno della nostra individualità e sempre "ad esclusivo vantaggio" della nostra ragnatela genealogica. In questo scenario dobbiamo concentrare l'attenzione sul fatto che non esiste linearità nella trasmissione di informazioni, siano esse di carattere genetico o psichico, poiché come spiega l'epigenetica, non tutte le sequenze vengono egualmente attivate, così come di fronte ad un particolare evento, persone dello stesso nucleo familiare dotate del medesimo patrimonio genetico-informazionale, hanno reazioni totalmente diverse gli uni dagli altri: è "evidente" che solamente alcuni membri della famiglia "appositamente designati", possono accogliere l'evento in un modo che sia funzionale all'albero genealogico "completo".

L'insieme di queste nozioni, per quanto sommarie potrebbero apparire, hanno in realtà lo scopo di orientare il ricercatore verso un'analisi più metodica e completa delle dinamiche che coinvolgono l'intero asse familiare, fino ad arrivare al più lontano progenitore individuabile, diversamente detto "capostipite".

Capitolo V

GENEALOGIA E NUMEROLOGIA

Considerando l'impronta olistica che si è voluto dare alla presente trattazione e grazie alla consulenza offerta da Samuele Rigo, *Operatore Energetico*, *radiestesista* e abilissimo *numerologo* [Instagram account: @SAMIKEL_], ho ritenuto di dover integrare il presente trattato con un capitolo dedicato appositamente alla numerologia, con il fine di porre in evidenza determinate correlazioni tra i numeri e gli eventi.

Per "numeri" intendiamo quelli che si ricavano dalle date prese in esame, siano esse di nascita, matrimonio o morte, od anche riferite ad eventi di particolare rilievo. Oltre a questo vogliamo tenere conto anche dei numeri che si ricavano dai nomi e dai cognomi, secondo i calcoli dettati proprio dalla numerologia nelle sue molteplici varianti.

Iniziamo dunque ripercorrendo le storie narrate nel precedente capitolo, partendo dalla prima, ovvero quella di "Paolo" che come ricorderete rimase vittima di un incidente motociclistico all'età di 46 anni. Le circostanze vollero che l'anno in cui Paolo nacque, si verificasse contestualmente la morte del nonno all'età di 46 anni e di uno zio, anch'egli morto in un incidente stradale, alla stessa età di 46 anni.

In questo caso la nostra base di partenza è ovviamente il numero 46: in linea di principio questo numero ha una valenza positiva, in quanto il 4 rappresenta il "costruire", mentre il 6 è la "relazione", quindi il *costruire nella relazione*. Tuttavia si tratta anche di numeri molto introspettivi che nella loro *"parte ombra"* rappresentano la *"chiusura"*. Il 46 però è anche un "10", dato dalla somma del 4 + 6: il numero dieci rappresenta la *ruota karmica*, ovvero il "destino" così come evidenziato dall'antica sapienza vedica, ma anche il "ritorno della creazione". Il 10 somatizza nella testa, nei sensi di colpa, nel fegato, nelle ossa e nel sistema nervoso, quindi, non conoscendo nel dettaglio la vita di Paolo, del nonno e dello zio, attraverso gli elementi numerologici presi in esame, saremmo portati a pensare che tutti e tre condividessero un particolare senso di colpa o comunque dei legami che li hanno portati a concludere la loro esistenza in un epilogo assolutamente infausto.

Ovviamente si tratta di pura supposizione, in quanto non avendo a disposizione più numeri e quindi date di riferimento, nonché maggiori conoscenze degli "attori" in causa su cui poter elaborare i dovuti calcoli, dobbiamo fermarci al semplice ambito delle ipotesi. C'è da dire a conclusione di questa prima storia, che il 10 è anche il numero della *fiducia*, per tanto ci si potrebbe chiedere se questi tre individui mancassero di fiducia in sé stessi o di autostima, o ancora non fossero magari troppo concentrati su di sé in un complesso di deleterio egocentrismo.

La seconda storia è quella che vedeva il numero 62, in associazione alla morte del mio bisnonno materno (per tubercolosi), del nonno pure materno (per ictus) e del fratello, nonché prozio (a causa di un cancro).

Il "6" somatizza nell'intestino, mentre il "2" invece nei polmoni e nella milza laddove siano presenti paure e preoccupazioni. I dati più interessanti affiorano dalle date di nascita e di morte: la frequenza del nome del bisnonno è un "2" secondo la numerologia antica, mentre risulta essere un "18" in numerologia pitagorica. Il dato più curioso però riguarda l'anno di nascita 1904 e quello di morte 1967: entrambi hanno valore "5" come anno universale, per cui il bisnonno nasce e muore nella stessa frequenza numerica. Allo stesso modo, il primo figlio (mio nonno) nasce nel 1931, anch'egli dunque in un anno universale 5 così come il fratello (il prozio) che nasce nel 1949 con stessa frequenza numerica universale. Tutti e tre, padre e due figli, nascono in un anno universale "5" stabilendo una indubbia connessione a livello di nascita.

Altri dati vengono ricavati dai nomi di mio nonno, i quali compongono una frequenza 9 con *karma* (*k*) 1, mentre la data di nascita si esprime nel 9 *k* 2, ovvero l'"11" che ritroviamo anche nel nome del bisnonno. La morte del nonno avviene in un anno personale tra il 4 e il 5 e si concretizza nei numeri 3 *k* 4 che fa 7 di *energia circolante.*

Il prozio nasce invece in una frequenza 7 *k* 6 e ha un'energia circolante nel 4, morendo poi in una frequenza 3 *k* 1, con energia circolante ancora nel 4, in un anno personale 5.

In definitiva il 5 è il numero che connette tutti e tre sia per quanto riguarda la nascita, che per quanto riguarda la morte.

Il loro cognome infine ha una frequenza 26, ovvero il contrario del 62 (gli anni delle tre morti) che danno come risultato sempre l'"8": genealogicamente parlando, potrebbe essersi verificato un evento che connette tutti e tre nell'8 per via della mancanza di equilibrio che questo numero porta, oltre al fatto che l'8 ci riconnette con gli avi, riportandoci dunque a questioni ipoteticamente irrisolte anche nelle precedenti generazioni. Personalmente ho potuto conoscere solamente il nonno e il prozio e, senza addentrarmi nella storia delle loro vite, posso testimoniare il fatto che molti squilibri familiari e personali hanno caratterizzato il corso delle loro vite, così come pure sembra essere successo per il bisnonno, attraverso i racconti che mi sono stati narrati da mia madre e da mia nonna.

La terza storia ci parla di tre membri della mia famiglia paterna, ovvero mio nonno Gino e i due figli di un cugino, Luisa e Luigi. Questi tre personaggi sono legati come detto dalla matrice del loro nome che corrisponde all'antica forma di "Aloysio" e dal fatto che tutti e tre morirono prematuramente, evidenziando che Luisa e Gino vennero a mancare alla stessa età di 52 anni, ma andiamo per gradi.

Luigi ha una frequenza "7" in numerologia antica, mentre invece risulta essere un "8" in numerologia pitagorica: la somma dei numeri di nascita ci riportano ad un 4 *k* 4, ovvero "8", mentre la morte vibra nel 5 *k* 5, ovvero un "10". È interessante vedere che la frequenza 7 di nascita ci parla di "sacrificio", nella sua accezione negativa, non escludendo il fatto dunque che la famiglia possa aver vissuto un periodo disarmonico precedente alla nascita o al suo concepimento.

Un ulteriore elemento di interesse sta nel fatto che l'8 è sempre connesso ai nonni, o comunque agli avi, quindi non possiamo escludere che la nascita di Luigi possa essere contestualizzata in una sorte di cortocircuito familiare (o *legame invisibile*...), che ha scaricato tutta la sua energia in quello che a questo punto definiremmo "l'agnello sacrificale". La mancanza di equilibrio è dunque l'elemento che caratterizza maggiormente la breve esistenza di Luigi.

Luisa, sorella del precedente, ha una frequenza di nascita 8 (ancora 8!) *k* 9 e muore in un giorno 9 *k* 1, ovvero opposto al suo *karma* di nascita, in un anno universale "10", esattamente come il fratello con cui condivide anche l'energia circolante nell'8 alla nascita.

Arriviamo così al bis-cugino Gino che nasce con una frequenza 7 *k* 6 e muore nella frequenza 2 *k* 2, determinando che l'energia circolante all'atto della nascita e della morte sia nel "4". L'anno personale nel quale lasciò il corpo fisico era un 22 che ritroviamo anche nel giorno della nascita di Luigi. Il 52, ovvero gli anni al tempo della morte, ci riportano al *sacrificio*, così come fu anche per la cugina Luisa, morta alla stessa età. Il "16" corrispondente alla nascita di Gino, è legato agli *eventi improvvisi* e non a caso morì la notte del 29 Settembre 1962, colto da un infarto fulminante.

L'altro dato interessante risulta dalla frequenza della sua firma alla nascita, ovvero 9 se prendiamo come dato di riferimento il nome e cognome di battesimo *"Gino Toderini"*: in questo caso la frequenza esatta di firma è disarmonica alla nascita, "armonizzandosi" solo dopo i 25 anni, ovvero quando il suo cognome di nascita viene integrato con l'ulteriore designazione di *"dei Gagliardis dalla Volta"*, entrando sì in frequenza di firma, ma caricandosi contestualmente di un peso ereditario ed energetico difficile da sostenere.

La frequenza di firma, dopo i 25 anni diviene 10 ovvero 1. Questo 10 lo ritroviamo come energia circolante nell'anno universale e nella morte di Luigi e Luisa.

Potremmo dire ironicamente che si stiano dando i numeri, ma di fatto mettendo in sequenza una serie di dati numerici, si va profilando un quadro di interazioni familiari estremamente curioso ed ancor più sospetto...

Vediamo così la quarta storia che mette in correlazione la morte di Gino e l'incidente avvenuto a mio padre a 35 anni esatti di distanza, in un anno universale "8", con frequenza 3 *k* 2 ed energia circolante nel 5: il destino nel giorno dell'incidente di mio padre era lo stesso ricorrente alla morte di mio nonno… Inoltre mio padre è nato in una frequenza 8 *k* 6 con energia circolante nel 5, ovvero la stessa della data dell'incidente: tutto questo suggerirebbe che tra la morte di mio nonno e l'incidente di mio padre, fosse intervenuto una sorta di *transfert transgenerazionale* che si sposa perfettamente con le valutazioni di Anne Ancelin Schützenberger.

La quinta storia infine è assolutamente personale e mette in relazione infausti eventi ripetutisi alla data del 13 Giugno, negli anni 2008 (4 *k* 2), 2009 (4 *k* 3) e 2020 (4 *k* 5): la mia frequenza di firma in numerologia antica corrisponde al 9 e in pitagorica al 6, mentre la frequenza di nascita è un 2 *k* 8 con energia circolante nel 10 (la connessione con gli avi…).

Il 13 ci trasmette *rabbia* e *nervosismo*: nel 2008 ero in un anno personale 14, ovvero un 5 che ci parla di "guarigione" o comunque un qualcosa che riferisce al 4 che rappresenta la costruzione, la casa, la famiglia e somatizza nella muscolatura; il mese di riferimento personale era un 11 che ci parla di una chiusura, in un giorno personale 6. A tal riguardo, posso confermare che in quell'anno vi fu la chiusura di un ciclo di situazioni personali molto particolari, che ebbero a che fare con la casa e la costruzione della famiglia.

Nel 2009 l'anno personale era il 15 (tentazioni, dipendenze, chiusura, incatenamento), l'anno universale era il 6 (disequilibrio), il mese personale era il 3 e il giorno personale fu il 16 (evento improvviso). Come detto il 13 Giugno di quell'anno fui coinvolto in un incidente che mi vede ancora vivo solo per miracolo, in un periodo di profonde turbolenze sentimentali. Se andiamo poi ad esaminare la mia firma che vibra nel 9, possiamo notare il massimo disequilibrio che scaturisce dal contrasto tra il 3, il 6 e il 9, con una energia circolante nel 7 che come detto, rappresenta il sacrificio.

Infine il 2020 era rappresentato da una frequenza 4 *k* 5, con energia circolante nel 9 (la stessa della firma), in un anno personale 8 (corrispondente al numero del destino), in un mese personale 14 (come nel 2008), in un giorno personale 18, che per somma dà ancora 9 (la firma) corrispondente pure all'energia circolante.

A margine, vediamo che questi giorni vengono tutti ridotti al "4", il quale numero è in antitesi con quello del mio destino, ovvero l'"8".

Concludiamo qui questa breve esposizione numerologica, invitando sempre il lettore a considerare l'opportunità di indagare sui numeri che compongono o appaiono nelle questioni personali che ci mettono in relazione con i nostri parenti, viventi o defunti.

Capitolo VI

METODI DI RICERCA E DI STUDIO DELLA GENEALOGIA

Intraprendere una ricerca genealogica prevede l'ovvia possibilità di incappare in difficoltà di vario genere, a prescindere dall'accuratezza con la quale si porterà avanti lo studio.

Innanzitutto dobbiamo essere consapevoli del fatto che, malgrado i nostri sforzi, non sarà mai possibile conoscere completamente e per le più diverse circostanze, tutti i dettagli che ruotano attorno ad un evento o questioni che riguardano uno o più membri della famiglia: documenti andati perduti, dimenticanza di alcuni dettagli storici da parte dei posteri o semplici "scheletri negli armadi" che si preferiscono tenere nascosti, evitando di riportare alla luce eventi traumatici o vergognosi. Inoltre, uno degli ostacoli che potrebbe mettersi di traverso tra di noi e la ricerca genealogica siamo "NOI"!

Proprio così: esistono delle resistenze personali che potrebbero metterci di fronte alla non accettazione di determinati eventi, o particolari riguardanti la storia della nostra famiglia a cui non siamo disposti a credere, cosicché saremo portati semplicemente a non considerarli e a non prenderne nota.

Omettendo certi particolari "scomodi" o "incredibili" incorreremo nel rischio di modificare la vera storia della nostra famiglia, così come pure potrebbe accadere di aggiungere dei dettagli squisitamente personali, che potrebbero letteralmente alterare il corso della storia stessa: vi ricorderete che nel secondo capitolo ho raccontato di quell'illustre professionista che in base ai racconti del bisnonno, era convinto di discendere da una nobile famiglia. Il fatto che di per sé ha avuto un epilogo favorevole per il nostro protagonista, ha in realtà messo in evidenza la circostanza in cui il bisnonno aveva inventato una storia di sana pianta, per soffocare l'umiliazione e la conseguente frustrazione di essere stato un bambino abbandonato in fasce ed allevato da una famiglia di mezzadri.

Particolarmente la storia di antiche e nobili famiglie è costellata di dettagli non sempre genuini e veritieri che venivano aggiunti con lo scopo di rendere maggior gloria alla prosapia: è questo per esempio il caso di una "antichissima" famiglia che condivise con me i propri documenti storici e genealogici, i quali mettevano in evidenza come un antico ceppo normanno fosse sceso in Italia nel X secolo e avesse preso stabile dimora nella città di Milano. Da qui un ramo si spostò a Roma Capitale, dando origine a diverse linee familiari, tutte privilegiate con vari gradi di nobiltà da quello comitale a quello principesco e tra queste per l'appunto primeggiava la famiglia che condivise con me i propri antichi incartamenti. Non ci volle molto per capire che la storia era stata "un po' edulcorata" risultando estremamente difficile riuscire a provare con certezza che l'antico ceppo normanno impiantatosi a Milano nel X secolo, fosse effettivamente all'origine di quel ventaglio di famiglie romane che portavano il medesimo appellativo. Oltre a questo, risultava ancor più difficile stabilire se questa casata fosse effettivamente legata alle altre omonime famiglie romane, in quanto nella genealogia e nella documentazione presa in esame, vi erano carenze importanti che non permettevano di stabilire una reale continuità genealogica tra un ramo e l'altro…

Molto semplicemente, i membri che si erano succeduti nella conservazione del patrimonio storico e morale della famiglia, non avevano indugiato nel porre in evidenza dei particolari che potessero dare un quadro generale di maggior prestigio, a scapito di "questioni di poca importanza" che non meritando ulteriori memorie avrebbero potuto pregiudicare "la storia convenzionalmente accettata".

Mi ritorna alla memoria pure un altro caso di un nobile partenopeo che chiameremo "Marco", il quale dovendo presentare richiesta di ammissione ad un ordine cavalleresco di tradizione nobiliare, mi incaricò di recuperare alcune fedi battesimali e matrimoniali che gli permettessero di compilare un albero genealogico legalizzato che ponesse in evidenza la nobiltà generosa di quattro quarti sua e della sua famiglia. La ricerca che di per sé si sarebbe potuta risolvere con "semplicità", portò alla luce un fatto sconcertante: il padre di Marco, cosi come pure i due fratelli del padre, ricevettero il battesimo in età infantile avanzata, tra gli 8 e i 12 anni, ovvero subito dopo il matrimonio avvenuto tra i genitori, nonché "nonni" di Marco…

Il "nonno" di Marco si sposò con la nonna all'età di 72 anni, mentre la nonna ne aveva solamente 28 e a poco più di un anno dal matrimonio il nonno venne a mancare.

Secondo quanto possiamo osservare, il "nonno" di Marco dovrebbe aver avuto il primo figlio all'età di 60 anni e i successivi due entro i 64, mentre la nonna sarebbe rimasta incinta per la prima volta all'età di 16 anni e l'ultima volta a 20 anni…

Il fatto non è certamente impossibile, ma qualche dubbio appare quanto meno lecito. Infatti appassionandomi alla questione, iniziai ad indagare tra vari incartamenti e a fare qualche domanda nel paese dove vissero i progenitori di Marco, donde scoprire che il nonno, avanzando nell'età e senza aver mai contratto matrimonio né discendenza, decise di lasciare tutti i suoi beni ad una giovane domestica che si prendeva cura di lui e della sua casa, così poco prima di morire decise di sposarla, ma siccome questa donna aveva tre figli che non erano mai stati riconosciuti dai rispettivi "padri" biologici, furono presi in casa dal "nonno" di Marco assieme alla "novella sposa" e, secondo quanto riportato dalla *vox populi*, vennero ribattezzati dal parroco locale, dietro lauta ricompensa dell'affiliante. A conferma di questa storia, tornato nell'archivio parrocchiale potei constatare che i tre infanti erano già stati regolarmente battezzati a pochi giorni dalla nascita, con l'esclusivo riconoscimento della madre, per cui ebbero il cognome materno fino all'età di 8-12 anni, per mutarlo poi in quello del "nonno" di Marco a matrimonio effettuato.

Ovviamente tutti i particolari qui riportati furono omessi a piè pari da Marco, allorché presentò domanda di accoglimento nell'implorato ordine cavalleresco, il quale lo accolse nella propria milizia con tutti gli onori del caso e senza macchia alcuna.

Tutto questo ci serve semplicemente a comprendere come l'aggiunta di un dettaglio o l'omissione di un altro, possano modificare in maniera sostanziale la storia di una famiglia.

Detto questo, iniziamo ad addentrarci nella metodologia di ricerca più congeniale ai nostri interessi, in base al tipo di lavoro che come detto si vorrà portare avanti.

Premetto che il carattere "breve" di questo trattato sulla genealogia, non ci permette di ripercorrere tutte le linee guida generali sui metodi di ricerca: per quelle mi sento di suggerire agli interessati che sono alle prime armi, la lettura e l'esame de *"La storia della tua famiglia"* di *Pier Felice Degli Uberti* (De Vecchi Ed. 1991), attraverso cui potranno avere una infarinatura generale sulla materia tutta, mentre per coloro che sono orientati verso uno studio più metodico e approfondito, consiglio l'utilizzo di *"Genealogia"* di *Lorenzo Caratti di Valfrei* (Ed. U. Hoepli 1969).

Partiamo dunque dall'elencare quelle che dovranno (o potranno) essere le nostre fonti di studio e informazione, ovvero:

- Uffici dell'Anagrafe Civile (per *Atti di nascita, matrimonio* e *morte, stati di famiglia* e *certificati di residenza*);

- Archivi Parrocchiali (in quanto a *certificati di battesimo, cresima, matrimonio, morte, stato delle anime*);

- Archivi Storici Diocesani (per le *filze dei matrimoni, visite pastorali,* appartenenza a *confraternite, benefici* e *cappellanie, diritti di banco*);

- Archivi Storici Comunali (per informazioni relative a *militari, bandi, elezioni, verbali, cause per liti* e *controversie, sanità pubblica, catasto*);

- Archivi Notarili Distrettuali (per quanto attiene alle *compravendite, testamenti, dichiarazioni*);

- Archivi di Stato (per quanto riguarda *atti politici, amministrativi, finanziari* e *giudiziari, notarili, nobiliari,* laddove siano trascorsi i tempi di custodia stabiliti dagli uffici competenti);

- Archivi Pubblici e Privati (enti o privati cittadini che mettono a disposizione le proprie raccolte e che talvolta possono risultare di notevole interesse per le finalità del caso);

* Biblioteche ed Emeroteche (di carattere più generale, possono essere fonte di notizie storiche rilevanti ai fini delle nostre ricerche).

Oltre a questi luoghi di ricerca, a livello domestico ci dovremo concentrare sulla raccolta di:

* Fotografie o ritratti
* Lettere, cartoline, diari, annotazioni...
* Oggetti personali
* Cartelle cliniche
* Diplomi
* Fogli matricolari e congedi
* Tessere associative
* Articoli di giornali
* Libri e pubblicazioni

Infine, l'ultima fonte di studio che elencheremo, ma che è la prima per carattere d'importanza è la *raccolta delle informazioni orali trasmesse dai nostri familiari*: a più riprese abbiamo sostenuto l'opportunità di redigere un *"diario familiare"* dentro al quale annotare tutte le informazioni possibili, relative ad ogni singolo avo sul quale ci si possa effettivamente documentare, oltre ovviamente ai contemporanei.

Prima di fare un esempio su come dovrà (o potrà) essere compilato un diario familiare, sarà interessante comprendere il valore dei documenti che andremo a recuperare: partiamo dal presupposto che ogni luogo in cui effettueremo le nostre ricerche, sarà caratterizzato da diverse condizioni e possibilità di accesso e consultazione.

Se iniziamo per esempio da una ricerca presso gli Uffici dello Stato Civile del Comune d'interesse, sapremo già che potremo ricavare informazioni che, nel migliore dei casi, ci riporteranno al massimo alla prima metà dell'Ottocento, considerando che la raccolta dello Stato Civile inizia tra il 1861 e il 1866. In questo caso, potremo recuperare i documenti contenuti nella lista più sopra elencata, ponendo particolare attenzione all'*Atto* (o estratto) *di Nascita* a cui però sarà sempre preferibile la copia autentica dell'"*Atto Integrale di Nascita*", in quanto contiene molte più informazioni: paternità e maternità dell'interessato; testimoni che hanno partecipato alla dichiarazione di nascita; annotazione di secondi nomi dati all'infante; situazioni particolari verificatesi all'atto della nascita; il luogo di nascita e lo stato di residenza della famiglia; infine essendo un documento che viene aggiornato costantemente, troveremo anche le annotazioni riguardanti il matrimonio civile dell'interessato, i possibili cambi di cognome e le informazioni riguardanti l'eventuale decesso.

Un altro documento significativo per noi sarà certamente il *Certificato Storico di Famiglia*, attraverso cui potremo conoscere la composizione della famiglia ed eventuali altri conviventi che non ne fanno parte. Saranno dunque elencate eventuali migrazioni da o verso altri Comuni/Stati, annotazioni sui matrimoni o sui decessi e così via.

Lasciata l'Anagrafe Comunale, la quale rappresenta un servizio aperto al cittadino, la nostra risorsa più cospicua sarà rappresentata dagli *Archivi Parrocchiali*: in questo caso se abbiamo fortuna, le nostre ricerche potranno portarci certamente fino al 1563, ovvero l'anno in cui si svolsero le riforme del Concilio di Trento, ma anche a periodi ben più lontani. Infatti fu antica consuetudine di molti parroci, quella di compilare il cosiddetto *"Stato delle Anime"*, ovvero un registro che ebbe carattere di vero e proprio "censimento" delle parrocchie, dove venivano annotate le composizioni dei vari nuclei familiari e a cui nel tempo si aggiunsero i dati sui battesimi, i matrimoni e i decessi, fin quando a seguito del Concilio di Trento divenne obbligatorio per i curati, tenere appositi "libri" per i battezzati, i

matrimoni, i defunti e le confirmazioni (cresime):
in quanto a quest'ultimo registro, alcuni ricercatori
ritengono che si tratti di una fonte di scarsa
rilevanza, rappresentando la semplice annotazione
dell'avvenuta cresima, ma in realtà esso può
rappresentare un valido aiuto, nell'eventualità in
cui venissero a mancare altri documenti. Nello
specifico, volendo portare una personale
esperienza, ricorderò di quando effettuai la ricerca
delle *Fedi Battesimali* dei miei trisnonni paterni:
recatomi a Venezia, nella Parrocchia in cui
presumevo fossero nati i miei avi, fui sorpreso
nell'apprendere che non era possibile recuperare il
Libro dei Battezzati per gli anni di mio interesse.
Sembra che fossero andati perduti nel corso di una
mareggiata particolarmente alta ed insidiosa che
danneggiò parte della casa canonica. La soluzione
mi fu favorita dall'*Archivio Storico Diocesano* di
Venezia, allorché richiedendo il *Libro delle
Confirmazioni* per la Parrocchia e gli anni di mio
interesse, scoprii che nel registro era stata riportata

l'annotazione del battesimo, andando a sopperire alla precedente mancanza.

Altri elementi importanti dunque si ricaveranno certamente dai *Libri dei Matrimoni* e soprattutto dalle *Filze Matrimoniali* che raccolgono tutta una serie di documenti presentati dagli sposi, a garanzia della legittimità dei loro intenti matrimoniali. Così dicasi anche per il *Libro dei Defunti* dove potranno essere riportate le circostanze della morte ed altre informazioni, come il luogo della sepoltura.

Anche gli *Archivi Parrocchiali* rappresentano un servizio aperto al pubblico, tuttavia non è infrequente trovarsi di fronte alla diffidenza di parroci che mal sopportano "l'intrusione" di persone, soprattutto quando sono estranei arrivati da altri luoghi per "ricerche genealogiche" che spesso vengono viste come banali perdite di tempo a carico dei curati: in questo caso sarebbe sempre opportuno anticipare di qualche giorno il proprio arrivo, o meglio ancora prendere un appuntamento, presentandosi con una lettera accompagnatoria scritta e firmata dal parroco della nostra parrocchia o dal competente *Ordinariato Vescovile*, il quale può garantire per noi la genuinità e la serietà della nostre intenzioni.

Tralasciando dunque l'elencazione di tutte le altre fonti di ricerca, per le quali rimando lo studioso alla letteratura già menzionata, procediamo ad abbozzare il nostro *"Diario Familiare"*.

Innanzitutto, se il ricercatore decide di raccogliere i propri documenti e di conservarli attraverso strumenti di memorizzazione elettronica, suggerisco di tenerne sempre almeno una copia di riserva su di un altro supporto e comunque di stampare periodicamente gli aggiornamenti, in modo da poterne conservare anche una versione cartacea, per quanto questo potrà sembrare obsoleto e con buona pace degli ambientalisti.

La compilazione del nostro diario di famiglia sarà "un'opera" entro cui andremmo ad inserire delle vere e proprie biografie dei nostri natali, possibilmente a partire dai contemporanei e viventi, sui quali dovremmo avere minor difficoltà per il reperimento delle informazioni [anche se non è sempre così, nda.] e a seguire gli avi più lontani, diretti e/o collaterali.

Gli elementi che dovranno essere inseriti per ogni singolo membro della famiglia, a discrezione del ricercatore saranno i seguenti:

- Numero progressivo della scheda, associato alla persona di riferimento a cui risulterà più semplice richiamarsi poi all'interno della rappresentazione grafica dell'albero genealogico;
- Nome/i e cognome/i dell'intestatario della scheda;
- Paternità;
- Maternità;

- Luogo e data di nascita;

- Luogo e data di battesimo (condizionato al culto religioso della famiglia);

- Luogo e data del/i matrimonio/i (se contratto o conosciuto) e generalità della/o sposa/o;

- Elenco degli eventuali figli, per data di nascita;

- Luogo e data della morte;

- Circostanze della morte ed età anagrafica al tempo dell'evento;

- Date di particolare interesse (diplomi o lauree, trasferimenti o migrazioni, incidenti, vittorie sportive o politiche);

- Altre notizie (si vedano gli esempi proposti di seguito);

- Documenti allegati (si vedano gli esempi proposti di seguito).

A queste indicazioni di base potranno aggiungersi o sottrarsi tutte le caratteristiche che ogni ricercatore sarà in grado di scegliere liberamente, anche sulla base della documentazione che andrà a reperire.

Dovrà essere oggetto di particolare cura, quello di sottolineare le date di maggior interesse (come sopra evidenziate) e le età in cui si sono verificati gli eventi di maggior rilievo, per le finalità di relazione e confronto transgenerazionale espresse nei precedenti capitoli.

In quanto al punto *"altre notizie"*, sempre a discrezione del ricercatore sarà interessante citare per esempio il *soprannome* personale o familiare; gli studi intrapresi e le professioni svolte; il livello culturale personale o della famiglia; gli sport praticati e il loro livello; le separazioni matrimoniali o gli stati vedovili; gli eventi traumatici e/o luttuosi (guerre, terremoti, furti o rapine, perdita di un amico o di un caro); le violenze subite o perpetrate; le dipendenze (alcool, droghe o giuoco); i segni particolari; gli handicap o le menomazioni; gli interventi clinici; le inclinazioni sessuali; le gravidanze indesiderate; gli aborti (spontanei o indotti); il servizio di leva o quello civile (con annotazione degli eventuali contesti socio-politici e bellici); gli ideali politici; le inclinazioni artistiche (musica, poesia, passioni e talenti); l'acquisizione di titoli onorifici (nobilitazioni, menzioni d'onore, medaglie e cavalierati); gli incidenti subiti o causati; le malattie affrontate, ecc. ecc.

Si tratta di un pacchetto piuttosto corposo di informazioni che messe poi in relazione con gli altri elementi della famiglia, potranno darci la dimensione dell'"*inconscio collettivo*" del nostro albero/ragnatela genealogica.

In quanto ai "*documenti allegati*" invece, sarà nostra cura raccogliere in appositi contenitori, ed eventualmente scansionarli laddove possibile: documenti anagrafici ed ecclesiastici (nascite, battesimi, matrimoni, decessi, stati di famiglia, ecc.); carte d'identità o passaporti; fotografie; lettere e cartoline; diplomi accademici e/o onorifici; tessere associative; tessere elettorali; cartelle cliniche; atti giudiziari; contratti; fogli matricolari e congedi; testamenti olografi; stralci di giornale; libri; oggetti personali ben catalogati; appunti; testimonianze.

Quest'ultimo punto, le *testimonianze*, rappresentano per noi uno dei fulcri principali attorno a cui ruota la nostra ricerca.

Nel momento in cui inizieremo a raccogliere le informazioni sui nostri avi, attraverso i racconti di genitori, fratelli, nonni, zii e cugini, sarà sempre opportuno munirsi di un registratore che ci permetta di tenere traccia dell'intervista che andremo a fare e che poi ci servirà per estrapolare le notizie di maggior rilievo che andremo ad annotare sul nostro diario.

In tal senso sarà bene indicare la data e l'ora dell'intervista, le generalità dell'intervistato e il tipo di rapporto intercorso con l'individuo o gli individui oggetto della testimonianza (parente, amico, vicino di casa, collega di lavoro, compagno di cella, ecc.).

Come già scrissi precedentemente, i racconti lucidi di un bisnonno che ha avuto la fortuna di conoscere i propri bisnonni, ci potrebbero permettere di documentarci su oltre duecento anni di storia familiare, tenendo comunque conto altresì del fatto che le informazioni potrebbero passare agevolmente di padre in figlio, o di nonno in nipote, laddove venissero a mancare le possibilità di conoscere direttamente i bisnonni.

È a questo punto utile fare un esempio concreto che ci permetta di simulare una trasmissione di informazioni familiari, utilizzando i consueti nomi di fantasia nella sintesi genealogica riproposta nella seguente pagina:

GIOVANNI
(ricercatore)
n. 2001
|
CHRISTIAN
(padre)
n. 1979
|
ROBERTO
(nonno)
n. 1956
|
ALDO
(bisnonno)
n. 1931
|
CARLO
(trisavolo)
n. 1902 † 1985
|
ANTONIO
(quadrisavolo)
n. 1878 † 1943
|
LORENZO DE' ANGELIS
(genitore del quadrisavolo)
n. 1852 † 1940

Mettiamo dunque di trovarci nel 2022, anno di pubblicazione del presente testo: abbiamo in cima alla scala Giovanni De' Angelis, il nostro ricercatore genealogico che nasce nel 2001 e oggi ha 21 anni; suo padre Christian è nato nel 1979 e oggi ha 43 anni; il nonno Roberto è nato nel 1956 e oggi ha 66 anni; il bisnonno Aldo è nato nel 1931 e oggi ha l'età di 91 anni conservando ancora un'ottima integrità fisica e lucidità psichica; Carlo, papà di Aldo e trisavolo di Giovanni, nacque nel 1902 e morì nel 1985 all'età di 83 anni; il quadrisavolo Antonio nacque nel 1878 e morì nel 1943 all'età di 65 anni; infine il papà del quadrisavolo Lorenzo, nacque nel 1852 e morì nel 1940 all'età di 88 anni.

Ora, analizzando questo estratto genealogico certamente sommario, ma funzionale allo scopo, possiamo vedere che Giovanni, il nostro studioso, ha la fortuna di poter conoscere e dialogare con il bisnonno Aldo, il quale a sua volta ha conosciuto il proprio bisnonno Lorenzo, venuto a mancare quando lui aveva 9 anni. Attraverso questa semplice ricostruzione, vediamo come Aldo possa trasmettere al pronipote Giovanni, informazioni e conoscenze di un membro della famiglia nato 170 anni fa, rispetto all'anno corrente. Se poi consideriamo che Lorenzo possa aver raccontato al pronipote Aldo storie sulla sua famiglia, dei suoi genitori e i suoi nonni, potremmo arrivare a dettagli storici che superano tranquillamente i duecento anni.

È chiaro che i dettagli narrati oralmente di padre/nonno/bisnonno in figlio/nipote/pronipote non potranno avere carattere di assoluta precisione, ma comunque sia si tratta di informazioni che potrebbero arricchire certamente le nostre ricerche. Del resto anche le "leggende familiari" si fondano su racconti trasmessi per lo più oralmente con queste stesse modalità, per tanto dove c'è una leggenda, qualcosa di vero vi si nasconde sempre.

A questo punto trattenendo alcuni dei nostri attori su questo "palcoscenico genealogico", andiamo a simulare la compilazione del nostro diario familiare, senza necessità di dover costantemente ricordare che ogni riferimento a persona o luogo è del tutto casuale.

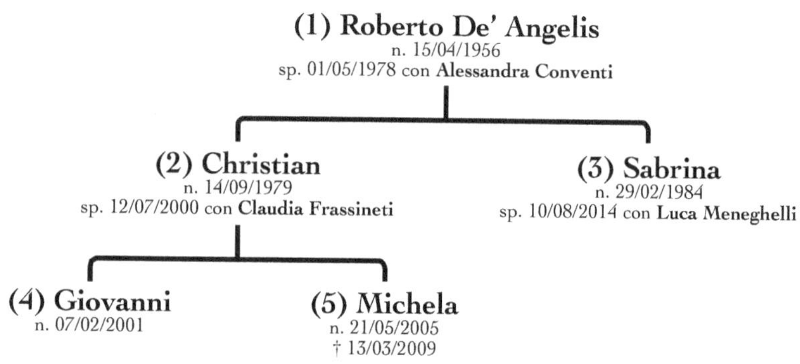

Il nostro protagonista, studioso e ricercatore genealogico, rimane sempre Giovanni che nell'estratto proposto qui sopra, porta il numero identificativo "4": in questo caso la scheda che andremo a compilare nel nostro diario porterà il medesimo numero, ma partiamo dal principio, ovvero dalla scheda n°1 riferita in questo caso al nonno Roberto.

Scheda n°1 del 01/04/2022

Intestatario/a: *Roberto De' Angelis*

Nome del padre: *Aldo*

Nome della madre: *Lucia Riva (fu Michele e fu Maria Rota)*

Luogo e data di nascita: *Conegliano (TV) **15 Aprile 1956***

Luogo e data del battesimo: *Conegliano - Parrocchia di S. Maria delle Grazie **29 Aprile 1956***

Sposato/a (luogo, data, nome della/o sposa/o): *(età 22 anni) Vittorio Veneto (TV) **01 Maggio 1978** con Alessandra Conventi (n. **02/06/1960** figlia di Ottorino e Maria Clemente)*

Figli: *1) Christian (n. a Codognè (TV) il **14/09/1979**); 2) Sabrina (n. a Oderzo (TV) il **29/02/1984**)*

Luogo, data della morte, età, circostanze: ---

Altre notizie e date di rilievo: *A Conegliano visse in via Carpenè n°32; appassionato di pianoforte; frequentò il Liceo Classico G. Marconi di Conegliano e si diplomò il **13 Luglio 1975**; non prestò servizio di leva a causa di un lieve difetto cardiaco per il quale fu dichiarato inabile al servizio; il **20 Dicembre 1983** si trasferì con la famiglia a Codognè in via Roma n°18; lavorò presso l'amministrazione della Fabris & Fabris S.p.A. di Oderzo dall'autunno del 1975 alla primavera del 1997; smise di lavorare il **13 Marzo 1997** (età 41 anni non ancora compiuti) a causa di un incidente stradale che lo rese parzialmente invalido e inabile al lavoro; omissis...*

Documenti allegati: *atto integrale di nascita; fede battesimale; fede matrimoniale; certificato di stato di famiglia; certificato di residenza; diplomi scolastici; diploma di maturità; cartelle cliniche; certificato di invalidità permanente; fotografie; lettere e cartoline; tessere associative; omissis...*

Andando ad analizzare nello specifico la Scheda n°1, riferita come detto al nonno del nostro ricercatore Giovanni, osserviamo in primis il fatto che le date raccolte sono state evidenziate, in quanto potrebbero essere messe in relazione con altre date riferite a eventi e personaggi della stessa famiglia.

Notiamo quindi che oltre ai dati anagrafici vengono riportate annotazioni sulle generalità della nonna, alla quale erano venuti a mancare entrambi i genitori al momento della compilazione della scheda. Seguono i dati sulla nascita, il battesimo, il matrimonio e sui genitori della sposa e sui figli che ne derivarono.

Le "altre notizie" si articolano sugli studi effettuati, sulle passioni, sul mancato servizio di leva, sul lavoro, sui cambi di residenza ed infine su un incidente che lo rese inabile al lavoro.

A coronamento dei dati ottenuti attraverso una o più interviste dirette con il nonno e con il padre, arriviamo alla lista dei documenti raccolti.

Ogni scheda che conterrà tanti dati quanti se ne riusciranno a ricavare attraverso le nostre ricerche, dovrà seguire indicativamente il modello qui sopra proposto, mentre proviamo ora a ricostruire la Scheda n°5 riferita alla sorella del nostro ricercatore, per analizzare eventuali analogie con il nonno o altri membri della famiglia:

Scheda n°5 del 18/05/2022

Intestatario/a: *Michela De' Angelis*

Nome del padre: *Christian*

Nome della madre: *Claudia Frassinetti (di Guglielmo e fu Sara Balzan)*

Luogo e data di nascita: *Oderzo (TV)* **21 Maggio 2005**

Luogo e data del battesimo: *Codognè (TV) - Parrocchia di S. Andrea Apostolo* **29 Luglio 2005**

Sposato/a (luogo, data, nome della/o sposa/o): ---

Figli: ---

Luogo, data della morte, età, circostanze: *Codognè,* **13 Marzo 2009** *(quasi 4 anni), sfuggendo al controllo della nonna Alessandra, attraversava la strada comunale venendo travolta da un furgone.*

Altre notizie e date di rilievo: *A Codognè visse in via Roma n°64 poco distante dalla casa dei nonni paterni; alla data della morte aveva iniziato il primo anno della scuola materna; i familiari la chiamavano "Mimì"; omissis...*

Documenti allegati: *atto integrale di nascita; fede battesimale; certificato di stato di famiglia; certificato di residenza; cartelle cliniche; certificato di morte; fotografie; necrologio; stralci dai giornali locali dei giorni seguenti alla morte; omissis...*

Questa che potremmo intitolare "breve storia triste", è la sintesi della rapida esistenza della nostra attrice Michela De' Angelis detta "Mimì", idealmente nata il 21 Maggio del 2005 e mortalmente travolta da un furgone il 13 Marzo 2009, prima di aver compiuto il quarto anno di età.

La dinamica del tragico evento è ben spiegata nella scheda: *"sfuggendo al controllo della nonna Alessandra, attraversava la strada comunale venendo travolta da un furgone"*. Ora, possiamo presumere che nell'ipotesi in cui questa fosse una storia vera, come molte ce ne sono, la famiglia di *Mimì* sarà stata travolta da un periodo di grandissima afflizione, senza considerare i micidiali sensi di colpa della nonna Alessandra alla quale è sfuggita la piccola. Tutto questo non mancherà certamente di condizionare tutta la famiglia per gli anni a venire.

Il dato interessante sul quale però vorrei portare l'attenzione del lettore, è la data della morte: 13 Marzo 2009. Se andiamo ad analizzare la Scheda n°1 riferita al nonno, noteremo che alla stessa data di dodici anni prima, un altro incidente stradale fu fonte di un'irrimediabile menomazione per Roberto, che da quel momento non poté più lavorare. Inoltre, se andassimo avanti con la compilazione delle schede, scopriremmo che anche il quadrisavolo Antonio fece perdere le proprie tracce nel 1943, alla data del 13 Marzo, ovvero la data dell'ultima lettera che inviò alla famiglia dal campo di concentramento dov'era detenuto e per il quale fu emessa una sentenza di "morte presunta" dodici anni più tardi.

Il lettore obietterà che queste tristi "coincidenze" sono frutto di una messa in scena costruita ad arte per giustificare il concetto della *sindrome da anniversario* e delle *lealtà invisibili*, tuttavia la corposa raccolta di casi documentati e analizzati dalla D.ssa Anne Ancelin Schützenberger, ci dice che il rilievo statistico di eventi analoghi a questo non possono essere banalmente ridotti a mere casualità.

Il ricercatore che con metodo e scrupolo avrà cura di ordinare tutti i dati che raccoglierà sui propri famigliari, sarà certamente in grado di analizzare e riscontrare casi di eventi famigliari che tendono a ripetersi con sospetta ciclicità e così continueranno a fare, fintanto che non si creerà un punto di rottura tra i fili della ragnatela che ci unisce alla nostra stirpe.

Del resto l'obiettivo sul quale voglio orientare il ricercatore, non è la raccolta di fedi battesimali, matrimoniali e di morte, finalizzate alla ripresa grafica di un semplice albero genealogico, bensì acquisire uno strumento che possa permettergli di portare armonia all'interno dell'*inconscio collettivo familiare*.

L'obiettivo è quello di liberare tutta la famiglia da vincoli e trabocchetti costituitisi nel corso di intere generazioni, per liberare i talenti dei viventi e renderli protagonisti della propria esistenza.

Solo in questo modo l'albero genealogico smetterà di essere una ragnatela per diventare il nostro più prezioso alleato.

Lascio dunque altri tipi di ricerca, rimandando il lettore alla bibliografia.

127

Capitolo VII

CONSIDERAZIONI FINALI

Giunti al termine di questo breve trattato sulla genealogia, ritengo opportuno partecipare il lettore di alcune riflessioni utili a contestualizzare questo lavoro nel tempo attuale.

Potremo dire *"correva l'anno del Signore 2022"* tra *"pandemie"* e *"guerre"* dai sapori squisitamente mediatici, che hanno avuto il merito di indurre molte persone a pensare, a dubitare, a ricercare verità che stridono un po' troppo (e sempre di più…) con i proclami a senso unico del *mainstream*.

È in questo contesto che ha preso vita un progetto abbozzato almeno cinque anni prima. Un progetto che sintetizza trent'anni di appassionanti ricerche sulla storia della mia famiglia e che accompagna un costante percorso di crescita personale.

"Condivisione" è la parola chiave di questo libro!

Condivisione non tanto di quello che credo di aver compreso circa lo studio della genealogia o della mia famiglia, ma di quei nervi che sono andato a scoprire rimuovendo il velo di credenze e convinzioni che mi erano state trasmesse, come un fosco retaggio a cui ho voluto rinunciare da un certo punto in poi della mia vita.

Il percorso olistico che mi accompagna come un'àncora di salvezza fin dalla nascita, mi ha portato su strade "alternative" rispetto a quelle che la mia famiglia avrebbe pensato e voluto per me.

È così che nasce questo lavoro.

Nasce dal coraggio e dalla determinazione di voler vedere quella ragnatela genealogica che mi tiene incatenato ad un sistema disarmonico, come un musicista che d'un tratto improvvisa una scala maggiore durante l'apoteosi di una sinfonia minore.

Forse oggi l'*inconscio collettivo* della mia famiglia, mi vede come la "pecora nera" che disobbedisce alle regole del clan, ma… Dov'è il clan? Che fine ha fatto la famiglia? Che fine hanno fatto gli avi? Sono tutti sotto a due metri di terra…!

Per quanto "anti-olistica" potrebbe sembrare questa affermazione, questa è la fine della storia!

Al termine del nostro viaggio, l'unica cosa che rimarrà sarà solamente un sepolcro.

Chi potrebbe mai vivere in funzione di un sepolcro? Chi mai potrebbe pensare di realizzarsi, fintanto che continua a portare la propria attenzione su quel sepolcro?

Il 6 Novembre del 1995 apparve un interessante articolo su un giornale di cui purtroppo non conservo i riferimenti, riguardante un evento che credo si svolgesse nel bresciano.

Il titolo dell'articolo recitava *"Guarire le ereditarietà"* e seguiva con *"Tremila carismatici, le ombre degli avi"*.

È evidente che le tematiche espresse all'interno del presente trattato, iniziano a farsi strada ben prima della mia "intuizione" di doverne parlare diffusamente al pubblico. Nell'articolo di quel giornale si citava don *Renato Tisot* e l'associazione trentina *"Allenaza Dives in Misericordia di Rinnovamento dello Spirito"*, nel giorno in cui una messa concludeva il raduno dei carismatici aderenti a tale associazione.

Don Renato Tisot ci parla di una "preghiera", quasi un "esorcismo", che ha lo scopo di allontanare le influenze negative della nostra famiglia, vivente o meno, chiamando suggestivamente questo atto *"guarigione dell'albero genealogico"*.

Lo stesso prete ci spiega la differenza tra chi vive e chi è "andato avanti", sottolineando che *"i defunti non sono ex viventi, ma più viventi di noi"* ed evidenziando gli intrecci e i legami che intercorrono tra *"chi è al di qua"* e *"chi è aldilà"*.

Se da un lato il ricordo dei nostri cari, riempie i cuori di momenti vissuti nella felicità e nell'amore, dall'altro è innegabile che esistano condizionamenti negativi che ci opprimono e ci disturbano. In questo modo si è iniziato ad elaborare un "rituale" per liberarsi dalle *"eredità fisiche, psicologiche e spirituali"*, sulla base di quanto proposto dal libro *"Fino alle Radici"* dello psicologo anglicano *Kenneth McAll* e da *"La Guarigione dell'Albero Genealogico"* di padre *Bob De Grandis*.

Si tratta di percorsi che vanno oltre la rielaborazione dei conflitti genitoriali da un punto di vista puramente psicanalitico e don Tisot non si astiene dal sostenere che fatti di sangue o traumi particolarmente gravi, possono condizionare profondamente i discendenti di una stirpe per più e più generazioni.

A tal proposito don Renato cita un ritrovo a Roma di "120 esorcisti" che hanno identificato la causa di alcune "possessioni", proprio in questo contesto.

Al lettore più attento non sarà di certo sfuggito un parallelismo tra questi fatti e il concetto de *"la cripta e il fantasma"* espresso da Nicholas Abraham e Maria Török di cui già abbiamo parlato.

Il "carattere generale" di questa pubblicazione non ci permette di entrare nelle profondità di tutti gli argomenti trattati, poiché si andrebbero a movimentare una serie di tematiche specifiche che richiederebbero l'intervento di più figure professionali ed è per questo che in più occasioni ho rimandato il lettore alla bibliografia, la quale potrà certamente offrire migliori approfondimenti e nuovi spunti di ricerca.

Dirò anche che la presa di coscienza di problematiche personali o di dinamiche famigliari complicate, dev'essere affrontato in un contesto di crescita e di evoluzione personale.

Non è possibile delegare un percorso di crescita così importante alla semplice lettura di testi che, per quanto specifici possano essere, non potranno certamente sostituirsi alla consapevolezza che si deve inevitabilmente acquisire nel corso della ricerca.

Nell'augurarmi che chiunque si avvicini alla genealogia possa farlo con serietà e dedizione, si deve essere consci del fatto che *noi siamo la realtà che creiamo*. Per questa ragione è nostro preciso dovere vivere la vita da protagonisti e non da semplici comparse, manovrate da un invisibile suggeritore che ci obbliga ad un copione al quale non siamo destinati.

Jodorowsky dice senza giri di parole che *"tutti dovrebbero conoscere il proprio albero genealogico. La famiglia è il nostro forziere del tesoro ma anche la nostra trappola mortale"* e questa è la verità.

Mi perdoneranno i genealogisti, quelli veri, quelli più ortodossi, per aver profanato la sacra materia con eresie che introducono ad argomentazioni esoteriche, occulte, talvolta associate alla "superstizione" e alla "credulità popolare".

Viviamo in un'epoca che per quanto controversa possa apparire, sta dando a tutti noi la possibilità di risvegliarci da un torpore durato millenni, per mezzo del quale siamo sempre stati tenuti sotto controllo (questa volta sì!) da veri e propri poteri occulti.

Il compito che vi lascio assieme a questo libro, è quello di essere curiosi.

Indagate!

Non siate superficiali e inebriati di stupidità nel voler ricercare a tutti i costi origini gloriose nelle vostre storie di famiglia. Siate voi a portare gloria nella vostra stirpe.

Dissolvete le ombre del passato.

Andate a sciogliere quei legami che vi tengono incatenati ad un ruolo che non vi appartiene e costruite nuovi ponti dove il passato possa abbracciare il presente per creare futuro.

Un futuro dove ognuno di voi potrà essere il vero protagonista.

Giunga a voi il mio ringraziamento e l'augurio che possiate sempre godere delle cose migliori che la vita vi riservi.

Ancora un ultimo grazie e come si sarebbe detto un tempo: AD MAIORA!

BIBLIOGRAFIA ESSENZIALE

"CODEX ALBERTINUS" *Thomas Toderini dei Gagliardis dalla Volta - YouCanPrint Ed. - Lecce 2018.*

"LA COSTITUZIONE DELLA REPUBBLICA ITALIANA" *Gazzetta Ufficiale n°298, Edizione Straordinaria del 27 Dicembre 1947.*

"IL DEMONE INTERIORE" *Thomas Toderini dei Gagliardis dalla Volta - Anguana Edizioni - Sossano (VI) 2013.*

"DIZIONARIO DEI COGNOMI ITALIANI" *Emidio De Felice - Mondadori Ed. - Milano 1978.*

"DIZIONARIO DEI NOMI ITALIANI" *Emidio De Felice - Mondadori Ed. - Milano 1986.*

"EVOLUZIONE SPONTANEA" *Bruce Lipton, Steve Bhaerman - Macro Edizioni - Cesena (FC) 2010.*

"FINO ALLE RADICI" *Kenneth McAll, Ancora Edizioni 1998.*

"GENEALOGIA" *Lorenzo Caratti - Edit. Hoepli - Milano 1969.*

"LA GUARIGIONE DELL'ALBERO GENEALOGICO" *p. Robert De Grandis, Edizioni San Michele 1998.*

"L'IDENTITÀ NEI TUOI NUMERI" *Rita Faccia - Minerva Edizioni - Argelato (BO) 2013.*

"LA MATRIX DIVINA" *Gregg Braden - Macro Edizioni - Cesena 2007.*

"METAGENEALOGIA" *Alejandro Jodorowsky, Marianne Costa - Feltrinelli Ed. - Milano 2011.*

"PROGETTO ANIMA" *Monia Zanon - Anima Ed. - Milano 2011.*

"SCOPRI LE ORIGINI DELLA TUA FAMIGLIA" *Lorenzo Caratti di Valfrei - Mondadori Ed. - Milano 1991.*

"LA SCORZA E IL NOCCIOLO" *Nicolas Abraham e Maria Török – Edizioni Borla - Roma 2009.*

"LA SINDROME DEGLI ANTENATI" *Anne Ancelin Schützenberger - Di Renzo Ed. - Roma 2004.*

"IL SISTEMA ONORIFICO CIVILE DELLA REPUBBLICA" *Presidenza del Consiglio dei Ministri - Dipartimento del Cerimoniale di Stato - Roma 2002.*

"STORIA DEL DIRITTO NOBILIARE ITALIANO" *Pier Felice Degli Uberti, Maria Loredana Pinotti - Istituto Araldico Genealogico Italiano 2004.*

"LA STORIA DELLA TUA FAMIGLIA" *Pier Felice Degli Uberti - De Vecchi Editore - Milano 1991.*

"TRIBUNA ARALDICA" *Periodico semestrale di Legislazione Nobiliare, Araldica, Storia - Pubblicazioni dello Studio Araldico di Genova - annate varie dal 1960.*

"VESTIRE GLI ONORI" *Michele D'Andrea, Fabio Cassani Pironti - Azzurra Publishing - Pastrengo (VR) 2019.*

"LA VIA DEI TAROCCHI" *Alejandro Jodorowsky, Marianne Costa - Feltrinelli Ed. - Milano 2005.*

INDICE

BIOGRAFIA

Thomas Toderini dei Gagliardis dalla Volta, discendente da un'antica famiglia provenzale di tradizione nobiliare, nasce nella campagna padovana nel 1974. È musicista, autore e compositore e nel 1992 si qualifica come disegnatore grafico pubblicitario. Nello stesso anno inizia ad appassionarsi di araldica e genealogia, oltre ad interessarsi di esoterismo seguendo percorsi olistici di crescita personale. Veneziano di adozione, diviene operatore olistico nel 2013 e nello stesso anno si affaccia al mondo dell'editoria con la pubblicazione de *"Il Demone Interiore"* per i tipi di *Anguana Edizioni*. Attivo da oltre 25 anni nell'ambito del volontariato, è stato insignito del Cavalierato al Merito della Repubblica Italiana nel 2018 ed è membro del Sovrano Militare Ordine di Malta.

ACCOUNT INSTAGRAM: @STUDIOARALDICOGAGLIARDIS

DELLO STESSO AUTORE

Codex Albertinus - Interpretazione dei Tarocchi artistici-esoterici di Matteo Albertin - YouCanPrint Ed. 2018 *(Il Mazzo di Carte "**Codex Albertinus**" è disponibile su www.ebay.it)*

***Aspettando l'Aurora** (con Sara Ranieri)* - Raccolta di Componimenti e Storie - YouCanPrint Ed. 2016

La Metamorfosi della Coscienza - Trilogia di Componimenti (vol. I) dal 1999 al 1989 - Gr. Edit. l'Espresso 2015

L'Amore Segreto - Trilogia di Componimenti (vol. II) del 2000 - Gr. Edit. l'Espresso 2015

Dentro e Fuori dalla Tormenta - Trilogia di Componimenti (vol. III) dal 2001 al 2015 - Gr. Edit. l'Espresso 2015

***L'Onesto Uomo** (dell'Ab. Giambattista Toderini)* - Riedizione di un Saggio di Morale Filosofia del 1780 - YouCanPrint Ed. 2013

Il Demone Interiore -Saggi di Morale Filosofia dai soli Principi della Ragione, ispirato all'Onesto Uomo dell'Ab. Giambattista Toderini - Anguana Edizioni 2013

Info: studioaraldicogagliardis@gmail.com

STUDIO ARALDICO GAGLIARDIS
DEL CAV. THOMAS TODERINI DEI GAGLIARDIS DALLA VOLTA

ARALDICA CIVICA - ECCLESIASTICA
NOBILIARE - CIVILE - MILITARE

CONSULENZE GENEALOGICHE
NOBILIARI - CAVALLERESCHE

Progettazione, elaborazione e realizzazione di Stemmi Araldici, personali o familiari, creati ex-novo o ricavati dalla propria tradizione storica familiare.

Realizzazione di Monogrammi e Loghi Aziendali.

Servizio di Consulenza Araldica e Genealogica, anche finalizzata all'ingresso in Ordini Cavallereschi che richiedono Prove di Nobiltà o altra documentazione.

studioaraldicogagliardis@gmail.com